即効！ 成果が上がる 文章の技術

尾藤克之
BITO KATSUYUKI

はじめに　～時代が変わっても必要とされるもの～

昨年くらいから、ＡＩ（人工知能）が話題になっている。ＡＩの発展で人間がやる必要のない作業を中心に、少しずつ代替が進んでくることが予想されている。しかし、本質的な人間の関わりの部分がなくなることは考えにくい。

時代が変わっても必要とされるものがある。それが「文章を書く」ことではないかと考えている。未来がどのような時代になろうとも、「書く」ことは絶対的に必要なスキルだと断言できる。

現在、私はいくつかのニュースサイトを中心に、コラムニストとして執筆投稿を行っている。以前は、上場企業などの役員や経営コンサルタント、また代議士秘書の仕事をしていた。文章を専門的に学んだ経験はないので、はじめからうまく書けたわけではない。

文章を書くことは、コツさえ覚えてしまえばそんなに難しいことではない。ではなぜ「文章を書くのは難しい」と思っている人が多いのか。本書でも詳しく説明しているが、これは「伝えたいことがハッキリしていない」ためにおこる間違いである。「伝えたいことがハッキリしていない」のであれば、文書やアウトプットに落とすことはできない。

実は、どんな文章が伝わるかは、プロの文筆家でもわからない。しかし、「伝えたいことがハッキリしている文章」には、必ずハイライト（伝えたい要点）がある。伝えたいことがなくても文章は書けるが、ハイライトはあったほうが読者の印象に残りやすいし、思いを伝えることができる。

今回は、これは役に立つという実際のケースから、文章を書くために必要なエッセンスを抽出している。本書で紹介しているのは、文章を上達させるためのヒントになる。すぐに上手くなるかは努力と運次第だが、少なくとも「その他大勢」から抜け出すところまで導くことは可能だと考えている。

「文章を書こう」と思ったのであれば、付け焼き刃ではなく、ちゃんとした実力を身につけたほうが武器になる。それでは、本書を読み終わったあとの再会を楽しみにしている。

『即効！ 成果が上がる 文章の技術』 目次

第1章 成果が上がる！ マインドセット

第2章 まずは「基本スキル」を身につけよう

第3章
「文章のやってはいけない！」

第4章 「説得力」を高める技術

第5章 「好感度」を高める技術

第6章 とっておきの「読ませる」技術

第7章 とっておきの「伝える」技術

第8章 うまい・伝わる！実践ワーク

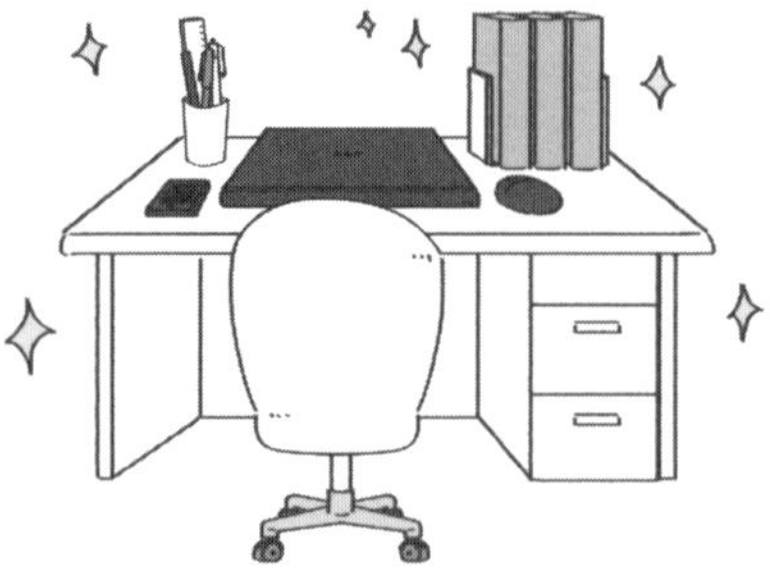

◎ カバーデザイン　大場 君人
◎ 挿画　田島 ミノリ

第1章

成果が上がる！マインドセット

01

あなたはなぜ文章が書けないのか？

あなたは、文章を書くことが好きですか？　それとも嫌いですか？

文章を書くことに苦手意識を持つ理由はなんでしょうか。

多くの人の文章を見てきて思うことは、文章を書くことに苦手意識を持つ人ほど、**「なにを書きたいのか」が明確になっていない**ということです。


文章とは、「伝達手段」であり「自己表現」のひとつです。最終的には、どのように書いても伝わればいいいのですが、「考えすぎて筆が止まってしまう」人が多いように感じます。

「考えすぎて筆が止まってしまう」ということは、「なにを書けばいいかわかっていない」ことと同じです。つまり、自分の中で「伝えたいことがハッキリしていない」のです。

たとえば、『今日、彼女と映画を見に行きました。』という一文を書いたとしましょう。

でも、「映画を見に行った」だけでは文章とはいえません。そこに、「なにを伝えたいのか」が表現されてはじめて文章は成立するからです。

彼女と映画を見てなにを感じたのでしょうか？「映画のストーリーですか？」「俳優のルックスにひかれましたか？」「演技に見入ったのですか？」「彼女の可愛さを再認識したのですか？」。伝えたいことがハッキリしないのは、このような**ディテールに落とし込めていないから**です。

実は、どんな文章が伝わるかは、プロの文筆家でもわかりません。

ですが、「伝えたいことがハッキリしている文章」には、必ず見せ所があります。

ですから、読者にミートさせたいなら「伝えたいことがある文章」のほうが間違いなく有利です。伝えたいことがなくても文章は書けますが、あったほうが読者の印象に残りますし、感動を与えることができるはずです。

まずは、あまり難しく考えずに、自分はなにを伝えたいのかを掘り下げてください。この作業は、テクニック本を読んでもわかりません。あなたの中に答えがあるからです。自分の気持ちに素直に向き合う作業が必要になります。

自分が伝えたいことを明確にしよう！

02

いま求められる文章の技術

「いま求められる文章の技術」とはどのようなものでしょうか。

「論理的に書かれている」「メリハリが効いている」「表現力が豊かである」などが考えられるでしょう。しかし筆者は**「目標を達成できる文章」**だと考えています。

たとえば、案内ハガキを読んだ瞬間に、「なんてお得なセールなんだ。これは行かないと！」と思わせたら、目標を達成しているうまい文章になります。ハガキを読んだお客さんが「なんだか冴えないな」「ピンとこない」と思ったら、目標を達成したうまい文章とはいえません。

逆に、少々言葉が稚拙でも、目標を達成したら、それはうまい文章なのです。美しい日本語やカッコイイ表現ではなく、「タメになった」「面白かった」「欲しくなった」と思わせたら目標は達成されたことになります。

文章術の本を読むと、書き方やルールについて説明しているものは多いですが、**「それ**

を読んだ人がどのように感じるか」「本当に伝わるか」という視点は抜けていることが少なくありません。「いま求められる文章の技術」としてもっと意識すべきことがあると思います。

2015年のラグビーワールドカップで日本が過去優勝2回をほこる南アフリカに勝利する大金星をあげたことは記憶に新しいところです。

経営者や政治家はノーサイドという表現を好みます。政治家をはじめ「ノーサイド（試合終了）＝敵味方なし」、と考えている人が多いですが、それは少々間違っています。

本格的なラグビー場には、ロッカールームはあってもシャワールームは1つしか用意されていません。80分の試合後にシャワーを浴びて両チームが集まって「アフター・マッチ・ファンクション」をおこないます。両チームの選手が参加して、乾杯し、歌をうたい、お互いを称えあってはじめて正式なノーサイドになります。次に紹介するのはあるスポーツライターが書いたニュース記事になります。

2015年9月19日、イングランドはブライトンのコミュニティスタジアム。第8回ワールドカップの予選プールB初戦があり、それまで大会通算わずか1勝の日本代表が、優勝回数2回の南アフリカ代表を34―32で下した。ノーサイドの笛が鳴った瞬間、敗れた巨躯は、一様に沈んだ顔つきだった。

試合内容は理解できますが、ノーサイドのつかい方が間違っているので、筆者は違和感を覚えました。

他にも違和感を覚えた読者がいたかも知れません。

まず、ラグビーを知らない人が多いと思われるからです。

日本の学習指導要領では、小学校5年生以上で、バスケットボール、サッカー、ソフトボール、バレーボール、ハンドボールは、必須もしくは選択に入ります。しかしラグビーはありません。ラグビーに触れることがありませんから、ルールもわかりません。

これが、ラグビーはルールがわかりにくいと言われる理由だと思われます。

では、先ほどのスポーツライターの方は、どのように書けばよかったのでしょうか。ラグビーを知らない人の気持ちを察しながら書かなくてはいけなかったということになります。

いま求められる文章の技術とは、相手に的確に伝える能力のことです。

筆者が指摘する「目標を達成する」とは**「相手に的確に伝えること＋的確に伝えたうえで行動を促すこと」**になります。

本書を読むことで、正しく的確に伝えることの大切さを理解してもらえればと思います。

相手に的確に伝え、行動を促そう！

03

あなたの文章は「ひとりよがり」になっている？

LINE、Facebook、Twitter などのSNSは私たちの生活に深く浸透しています。自分メディアですから、好きな情報を気軽に発信すればよいと思います。自己主張しようが、自分の専門性を駆使して多少難解になったとしても気にすることはありません。

ですが、読者に読ませたい、読者を増やしたいと考えているなら少し工夫が必要になります。

【例1】

本日は朝から渋谷セルリアンタワーで打ち合わせです。
11時に入店しいまは14時、昼食も抜きにして頑張りました。
自分で自分を褒めてあげたい、頑張れ自分！

言いたいことはわかりますが内容がきわめて個人的です。これでは読んだ人にとって有益な情報がなにひとつありませんから、共感を生むことができません。

また、最近多いのが、自己承認欲求の強いＳＮＳです。

話題にのぼるのが、「Facebook おじさん」と「LINE おじさん」です。特徴は、自撮りや筋トレの写真などを投稿、自慢話が多いのが特徴です。とくにバブル世代の中高年に多いと言われています。次に修正例を記載しますので比較してみてください。

【例2】

本日は朝から渋谷セルリアンタワーで打ち合わせです。地下のスイーツコーナーでは、期間限定スイーツとして「パパイア&フルーツ・スキャンダルの生クリーム添え」が発売されていました。完熟したパパイアを中心に酸味の効いたフルーツの盛り合わせ。生クリームのデコレーションが魅惑的です。この機会にお試しください。平日11時〜13時の限定30食です。

このように、読者にとって役立つ情報が含まれていれば共感を得ることができますが、「Facebook おじさん」と「LINE おじさん」にありがちなひとりよがりの文章ではその効果は見込めません。

皆さまもひとりよがりの文章になっていないか、振り返ってみて下さい。

ひとりよがりの文章は嫌われるので注意しよう！

04

いい文章は自分に対する「自信」が生み出す

私は自分の書く文章には自信を持つようにしています。これは、文法的に文章的に素晴らしいというのではなく、**根拠がなかったとしても自信を持つように振る舞う**ということです。これは他のケースに置き換えるとわかりやすいと思います。恋愛で相手を口説くときに、自分の価値を下げてアプローチをする人はいないと思います。

「私はあなたのことを誰よりも愛しています。幸せにする自信があります！」

もし、根拠がなかったとしても、精一杯の虚勢を張って相手と向かい合うはずです。それが言えなければ目的を達成することができないからです。好意を抱いている女性は30歳OLで、あなたは50歳の中年男性だとします。ライバルは大手商社に勤務する30歳のイケメン男性。スポーツマンタイプで精悍な顔立ちです。

ライバルに見た目で勝負をしても難しいかも知れません。それよりも、50歳の男性そのものを真摯に押し出せばいいのです。格好をつける必要はありません。

「私とあなたとは20歳も離れています。私は見た目も決して格好良くはありません。私とあなたのこれまでの人生もまったく違います。けれども、この広い地球で僕たちが出会ったことは偶然ではありません」

自信を持つということは、普段見せられない自分をさらけ出すことです。ありのままを魅力的に書けばいいのです。この文章を相手が読んだらどう思うでしょうか。関係が進展する可能性は高まると思いませんか？

文章を書く際に慎重になりすぎて、あれこれと気をもむよりも腹をくくってください。全員にうける文章はありません。**１００人が読んで99人に嫌われても構わない勇気を持ちましょう。**

文章は、自分の本音を映し出す鏡のようなもの。自分の意識が自然に出てしまいます。

自信がないときにはそのように見えてしまうものです。

私の場合、自信がないものはまず文章にしません。

それでも、自信が持てないことについて、仕事上どうしても文章にしなければいけないときがあると思います。

その場合は、**徹底的に情報を深堀りする**ことです。深く知ることで、情報を俯瞰し自分の主張が明確になるからです。**情報量は自信に強い影響を与える**ことを覚えておくといいでしょう。

情報量は自信を与え、自信のある文章は読者を動かす！

05

絶対に知っておきたいビジネス文書に必須の要素

ビジネス文書に求められる要素はいくつかありますが、最近の人は、「描写すること」が苦手なように感じます。

「描写する」とは、眼前の光景を描写することに由来しますが、これができると、読者にリアルなイメージを伝えることが可能になります。

「描写する必要などない」と言われる人もいるでしょう。ところが、ビジネス文書でも目の前の光景を描写する必要に迫られることがあります。

たとえば、セミナーの案内書には、会場の地図を載せますが、最寄の駅からの風景を伝える必要があります。写真などが使用できればわかりやすいですが、場合によっては、文章のみで簡潔に説明しなければいけない場合があります。

また、学会やセミナーなど不特定多数の人が参加するイベントでは、時間割やブースごとに詳細な説明をする必要があります。

ここで、参加者のイマジネーションがはたらくような文章にしなければ、効果的な誘導はできません。

ビジネス文書ではありませんが、新聞などのニュースでは、文章のみで読者に風景を伝えなければいけません。「事実」が押さえてあることは当然として、ある程度の描写によって伝わらなければ、ニュースの意味をなしません。

こうした描写は、作家が小説で行う描写とは異質のものです。

小説には作家の創作が反映されます。

しかしビジネス文書に創作は必要ありません。客観的な事実をわかりやすくリアルに伝えることが求められます。客観的事実をわかりやすくする描写になりますから、作家の描写とは異なることがわかるかと思います。

社内で新規事業の報告会があったとします。

このときに、他部門から進捗について質問があり「真摯に検討させてください」「早急に対応を協議します」「慚愧にたえません」など、お役所言葉を並べても反感を買うだけです。

このようなときには5W1Hに沿って答えなければ伝わりません。

具体的には、**WHO（誰が）**、**WHEN（いつ）**、**WHERE（どこで）**、**WHAT（なにを）**、**HOW（どのように）**、**WHY（なぜ）**を盛り込まなくてはいけないのです。

たとえば、次のように書くといいでしょう。

【質問】「スケジュールよりも遅れていませんか？　内容と進捗を教えてください」

【回答例】５Ｗ１Ｈを使用すること

本プロジェクトは社長の肝いりでスタートした特命プロジェクトです。

目的は10％のコスト削減を実現することです。各部門から人材がアサインされて現在10名体制となります。

進捗ですが購買部門、外注部門においては10％以上の原価削減が実現できております。

今後は具体的な数値として反映させて、最終的には、前年比10％のコスト削減が実現できるものと考えています。

このように説明すれば、漏れのない文章に仕上がります。**5W1Hで整理することで、抽象的な表現も具体的に仕上がるようになります。**

5W1Hで具体的に伝えよう！

06

そもそも「書く目的」はなに？

文章にはいくつかの目的があります。

日本の歴史をひも解いていくと、８世紀の大宝律令で唐をまねた「文書主義」が導入されたことまでさかのぼります。

文書主義とは、意思決定や過程、実績などを検証できるように文書にすることです。今では組織内の活動や商取引などの証拠として、契約書等の文書を作成することは当然のこととされ、文書を軽んずることはできません。

法律は当然のこと、ビジネス上の合意は書面によって交わされ締結されます。なかには、過程が大切だという人もいるでしょう。交渉は特定の問題について相手と話し合うことです。話し合いをもとに書面が交わされますが、口約束はトラブルの元になります。

次のようなケースがあったとします。

①希望部署に配属される約束だった　↓　希望しない部署での配属となった

②商品の発注依頼を受けていた　↓　発注した覚えはないと料金を踏み倒された
③採用は「正社員」の契約だった　↓　試用期間のまま正社員にしてもらえない

民法上、契約とは、意思表示の一致（合意）によって成立します。口約束でも債権・債務関係が発生するので有効です。口約束をどちらかが反故にした場合、「言った」「言わない」の水掛け論に発展する可能性が高くなります。

そのため、一般的には書面による契約書を締結します。相手が契約書の締結を躊躇するなら、「契約は合意できていない」と考えるしかありません。ですから契約内容を明確にして、紛争を予防するために書面に残さなくてはいけません。

さらに、文章の役割や効果、リスクについてちゃんと理解しなければいけません。あなたが、文章の意味について理解していないとしたら、それは大きなリスクになることを覚えておかなくてはいけません。

では、文章で成果を上げるにはどうしたらいいでしょうか？
それにはまず、**書こうとしている文章の目的をはっきりさせる**ことが必要になります。

たとえば、シンクタンクのレポートであれば、調査にいたった背景、目的、手法や結果に対しての考察が必要になります。結果にもとづかない考察などありえません。新車の宣伝広告なら、消費者に伝えるシズル感が必要になります。正しく丁寧な文章でも、購買意欲を刺激されなければ、文章として成功しているとは言えません。

文章は目的によって変化します。

「文章を書く目的とはなにか？」。まずはそこから考えてみましょう。

まず文章を書く目的を明確にしよう！

07

そもそも「読者」は誰？

文章を書くときはまず、**どんな人に向けて記事を書くのか**を明確にしなければいけません。最初に、ターゲットの設定をします。

たとえば、美顔器の記事を作成しようと思ったとします。20代の人をターゲットにするなら、ニキビなどの肌トラブルを防ぐなど、肌のケアにいいことをアピールすると効果的でしょう。

一方で、50代の人に向けての記事になれば「アンチエイジングに効果的！」など若返り効果について記事を書くほうが買い手の興味をひくはずです。

ほかにも、職種や性別も設定しておきます。

男性向けか女性向けかで内容は大きく変わります。

大学生、サラリーマン、美容師、主婦など職業によっても求めている記事が異なるはずです。

このように、誰に向けて書く記事なのかが絞り込めれば、提供する情報や口調などをイメージしやすくなり、スムーズに文章作成ができます。ターゲットを絞り込むことで、より書きやすくなり、伝わりやすい文章に仕上がるというメリットもあります。

ところが、ターゲットを絞り切れていない文章はたくさんあります。

これは、会社の営業活動で考えるとわかりやすいと思います。商談相手が担当レベルなのか、課長レベルなのか、役員レベルなのか、相手の職責に応じて、訪問体制を整えるはずです。

担当レベルなら自分ひとりで訪問しよう、課長レベルなら上司に同行をお願いしよう、役員なら事業部長以上に依頼しよう、このようなことを考えるものです。

文章もこれと同じことがいえます。ですから、読者の「年齢・性別・職業」を意識することは大切なのです。

たとえば、美顔器を売り込みたい場合、若い世代かシニア層なのか、狙いたいターゲットによって、取り上げる情報、文章のタッチは大きく異なります。

言い換えれば、**ターゲットが明確にならなければ、なにをどのように書けばいいのか決**

まらないということです。だからこそ、まずはその文章を読ませる相手、ターゲットを決める必要があるというわけです。

ターゲットのイメージはより具体的であるほうが伝わりやすくなります。

仮にそれが少々飛躍した思い込みであったとしても構いません。

イメージを具体的にすればするほど、文章が伝える後押しにつながるはずです。そのイメージがより強固になることで、迫力のある文章を書くことができるのです。

読者の「年齢・性別・職業」を意識しよう！

08 「読みたい！」は最初の１００文字で決まる

文章には、「知ってもらう」「理解を深める」「説得する」「記録として残す」などさまざまな機能があります。

そうしたことを効果的に、インパクトをもって伝えるために大切になるのが、「フック」です。

読者の気持ちをつかむには、導入部分にフックとなる「なんだこれは！」と思わせるような印象的な話題を用意しないと、次の文章に誘導できません。

最初の１００文字（レポート用紙で最初の3行）はとくに重要です。この3行で読者の心にフックが掛からないと読んではもらえません。

フックで読者の心をつかみ、心を刺激することが重要なのです。私はさまざまなサイトで記事を執筆していますが、その際には、フックが掛かることを常に意識します。

ただし、フックが大事といっても、そればかりに意識が向くと、過剰な書き方になったり、内容がともなわない文章になってしまうので注意しなければいけません。

また、**フックを掛ける際には全体のストーリーと、最後にメッセージを用意しておくことも必要**です。最後にメッセージを用意することで、なにを主張したいのかがはっきりするからです。


日常的な仕事の中でもフックを意識していると役立ちます。たとえば、プレゼンの際の企画書、セミナー資料でも同じことです。

さまざまな商品やサービスがあふれている時代、**相手に「なるほど！」と思わせるメリットを感じてもらうポイント**、つまりフックがないと、一本調子で話を聞いてもらうこともできません。

フックがあることで、相手は「そういうことだったのか！」と納得するからです。

そのためには、フックが掛かったあと、読者に期待することを明文化することも必要になります。まずは相手がどうとらえるか。誰に向けて、なにを、なんの目的で、どう伝えるか。きっちり整理してみましょう。

最初にフックが掛からないと、読んでもらえない！

09

「ストーリー」と「ゴール」を設定しよう

私は文章を書く際に全体のストーリーを考えます。ストーリーの設定が終わったら、いよいよ作成に取り掛かりますが、まず最初にゴールの設定をします。理由は3つあります。

○目的がないからゴールできる

ゴールが設定できない場合、ストーリーがない物語と同じになります。これでは物語にはなりません。たとえるなら地図もコンパスもない船に乗り込んで目的のないまま、さまようようなものです。これではストーリーが完成することはありません。

○途中で座礁してゴールできない

ゴール（目的）はあるのですが、たどりつくまでの構成や手法がわからない、またはネタ切れになってしまったというケースもあると思います。

これは、目的地（ゴール）に向かって出航したものの、途中で燃料が尽きてしまったり座礁することと同じような意味です。

○矛盾に気がついてゴールできない

書いている途中で矛盾があることに気がつくことがあります。修正するために手を加えたものの余計にわかりにくくなりストーリーが成立しなくなるといったケースです。

これは、途中の経由地に止まらずにゴール（目的）に向かった結果、途中で降りる予定の乗客が怒り出してゴールできない状況です。

さらにゴールに到達するまでにいくつかのエッセンスが必要になります。これが、**時間（リード）と起伏（アップダウン）**です。

時間（リード）は時系列に書いていけばいいでしょう。

読者は起伏（アップダウン）があることに共感し自らを投影するので、この部分をさらに膨らませることで物語性を高めることができます。

私たちのまわりには物語があふれています。映画、ドラマ、小説、ミュージカル、CM、スピーチ、ドキュメンタリーなど、これらのすべてに物語の要素が含まれています。

たとえば、結婚式のスピーチなどは物語で脚色されたよい事例です。このテクニックはビジネス文章に活用することができます。

物語といっても、小説のようなものではありません。「だよね」「ふむふむ」「すごい！」と思えるような内容に仕上げるということです。

たとえば、ダイエットの「ライザップ」は「なぜあれほど痩せられるのか」という記事の書き出しで物語を形成しています。「ビフォアー」を見せることで共感を狙い、「アフター」で実績や根拠を見せています。これは上手い物語の構成です。

私たちは、物語が好きですから、このエッセンスを利用しない手はありません。

物語にすることで、文章はより伝わりやすくなる！

10 自信を持って断定しよう

文章を書く際には自信のある振る舞いをしたいものです。そのためには、「断定して言い切る」ことが大切です。

文章を書くときには多くの人の共感を得たいと思うものですが、「断定して言い切る」際には、読者に迎合する気持ちを排除しなければいけません。**反発も増えますが味方も増えて読者にも刺さりやすくなるもの**です。

次の文を読んでください。

① 成果を上げるなら、この書籍はいいかも知れません。

② 成果を上げるなら、この書籍を読むべきである。

①の「この書籍はいいかも知れません。」よりも、②の「この書籍を読むべきである。」

のほうが、読もうという気持ちにならないでしょうか。ところが、多くの人は「断定して言い切る」ことができません。批判を浴びるのが「恐い」からです。これでは読者の心にも刺さりません。

【例】

①御社の経営課題は精査し、提案内容も熟慮したうえで決める予定です。
②御社の経営課題解決は、この提案で解決可能です。ぜひやらせてください。

あなたが実務担当者の場合、どちらの提案に好印象を持ちますか。
①の提案であれば「結局はいまの時点でなにもしていないんだ」と思いませんか？
しかし、文章によっては、謙虚さが必要とされる場合もあります。
研究発表や学会発表などは、先行研究の識者に対して謝辞を述べ、自分の発表についても断定はせず「これはある条件下で導き出された結果にすぎません」と謙遜するのが流儀です。
日本人は遠まわしな言い方を好む場合があり、強すぎる断定は「生意気」「上から目線」という印象を与えてしまうからです。
次のAとBの文章を読み比べてください。

【A】

「就職のミスマッチ」という言葉があるそうです。当社に入社した新入社員も3年で3割が退職しているようです。なんらかの施策を検討すべきではないかと思います。

【B】

「就職のミスマッチ」という言葉がある。当社に入社した新入社員も3年で3割が退職している。人材が定着しない理由を早急に突き止めなければいけない。人材の流出は大きな経営課題である。

Ａのような、自分の意思を持たない書き方は文章を読みにくくします。さらに抽象的でなにを言っているかわからないので、不快感を与えます。

Ｂくらい断定するほうが伝わりやすいことがわかると思います。

文章では伝えたいメッセージを主張しなければ意味がありません。主張がない限り、読者にとって得られるメリットもありませんし、伝わることもありません。

自分の意思がない文章では伝わらない！

11 いい文章と出会ったときに学ぶコツ

「うまいと思える文章と出会う」ことがあると思います。私は、そのような文章を見つけたらチェックするようにしています。

そういうときに皆さまにも意識してもらいたいことがあります。それは、「なにに対してそう思ったか」を理解することです。

「この表現は素晴らしいな」と思う場合もあれば、「これは酷すぎるな」と思う場面もあると思います。このような場面に出会ったときに、**「なにに対してそう思ったか」を自分の目で分析してみる**のです。

「この表現は素晴らしいな」と思ったのであれば、そこには理由があるはずです。その理由はなるべく具体化させたほうがいいでしょう。

言葉や表現、全体のリズムやトーン、イントロかアウトロか、展開方法やシメの言葉なのか考えてください。意外なところにヒントが潜んでいるかも知れません。これは場所を選びません。社内を駆け巡っているメールや書類、企画書、稟議書など、文章ならなんでもいいと思います。「どうしてそう感じるのか」を洗い出してみるのです。

私の場合は、イントロとアウトロに注目するようにしています。**イントロがつまらなければ読者には読んでもらえませんし、アウトロが悪ければ余韻が残りません。**

また、ニュースを読むのもいい方法です。文章を書く人には、ライター、ジャーナリスト、コラムニスト、ブロガー、作家など、領域は広きにわたります。オピニオン性が強ければ、ジャーナリストになりますし、一般的であればコラムニストになります。

ジャーナリストは社会・政治・経済に強い印象があり、コラムニストは一般性とエンタメ性が強くなります。

このような視点を持ちながら文章を読んでいくと、領域ごとの特徴もわかるようになります。ただ読むだけではなく自分の中に取り入れるようにして読んでいくと文章力の向上につながると思います。

参考までに筆者の情報の取り方を紹介します。

新聞はすべて電子版で読んでいます。世の中の動きを理解するには新聞の情報が不可欠です。全国紙でも新聞によってスタンスは様々ですが、日経、読売、朝日の3紙を読むことをおすすめします。また、新聞社の本音を知るにはコラム欄や、社説を読むことです。メディアの潮流を理解できます。

ネットニュースで留意しなければいけないことは、情報源が不明瞭なもの、誤報やバイアスが掛かっているものが多い点です。このようなニュースをつかまないために、正しいニュースの読み方を覚えましょう。

また、書籍は紙で読み、必要な箇所にマーカーで印をつけたり、ページを折るなどして汚く読みます。私は紙で読んで良書と思ったものは、電子版も購入しています。

情報の信頼性を意識し、「いい文章」を分析しよう！

12

文章の「解釈」は時代によって移ろう

10年ほど前、ニュースサイトでコラムを書き始めた頃の話です。書き方のトレンドを理解するために、著名な日本語学者のテキストを読み漁りました。とあるサイトで以下のような説明がされたのを覚えています。「日常的なコラムであればA氏がおすすめです。B氏の格調高い文章も捨てがたいですね」。

B氏の格調高い文章はお手本として、多くのコラムニストにとってバイブルになるという趣旨だと理解しました。ところが、最近になってB氏を批判する人が多いことに気がつきました。10年前には「お手本」だったのが、今ではそうではないのです。

文章や話し方は時代と共に変わるので、当然といえば当然のことなのでしょう。経済学者の野口悠紀雄が「さらなる」は文法上間違っているので公文書では用いるべきではないと主張しています。

法学者の星野英一は「〜すべき」は文法上間違っているので公文書には不適切だと主張

します。

いずれも正しい指摘です。公文書には正確な文法表現を用いるべきだと思いますが、「さらなる」も「～すべき」も一般的に使用されています。

小説家、丸谷才一『文章読本』（中央公論社）には、次のような記述が確認できます。

「名文であるか否かはなにによつて分れるのか。有名なのが名文か。さうではない。君が読んで感心すればそれが名文である。たとへどのやうに世評が高く、文学史で褒められてゐようと、教科書に載つてゐようと、君が詰らぬと思つたものは駄文にすぎない。」

丸谷才一は、決めるのは読み手自身と明言しています。さらに、文章を見極める視点を持つことを推奨しています。時代とともに私的な文章表現が変わることはあります。時代の変遷に左右されない普遍的なお手本とはなにか？　ここで事例を紹介します。

文章は、著者のスキル、感性、思考力によって磨かれるものです。

中原淳一という、昭和に活躍した作家がいます。彼は、少女雑誌『ひまわり』の昭和22年4月号に次のような文を寄せています。

「美しいものにはできるだけふれるようにしましょう。美しいものにふれることで、あなたも美しさを増しているのですから。」

いまの時代でも通じるようなクオリティのコピーだと思いませんか。70年以上も前に書かれたとは思えません。

時代の変遷に左右されない普遍的なお手本とは、著者の技術的探求の結晶ではないかと思います。そして、時代を経ても解釈が変わることはありません。

皆さまも、文章は時代が変化しても解釈が変わるもの、変わらないものの2通りがあることを理解してください。

普遍的なお手本を探してみよう!

第2章

まずは「基本スキル」を身につけよう

13

「だ・である調」と「です・ます調」のつかい方

文章は、末尾によって全体の雰囲気が決まります。**文末を「です・ます調」にすれば丁寧で優しい雰囲気になり、「だ・である調」にすると読む人に信頼感を与えます。**次の文章を読み比べてください。

【だ・である調】


今年の夏は酷暑である。

8月最後の週になったが、猛烈な暑さが収まらない。さらに、大気が不安定なことからゲリラ豪雨に注意が必要だ。

本日も13時現在、東京の八王子で38度、千葉の館山で37度となっている。今後、さらに気温があがり、埼玉の熊谷では40度超えの今年最高気温の観測を予想している。

熱射病から命を守るためにも、適度な休みと水分補給が必要である。

【です・ます調】

今年の夏は酷暑です。

8月最後の週になりましたが、猛烈な暑さが収まりません。さらに、大気が不安定なことからゲリラ豪雨に注意が必要です。

本日も13時現在、東京の八王子で38度、千葉の館山で37度となっています。今後、さらに気温があがり、埼玉の熊谷では40度超えの今年最高気温の観測を予想しています。熱射病から命を守るためにも、適度な休みと水分補給が必要です。

いかがでしょうか?

「です・ます調」になることで、なんだかごく普通の文章になってしまいましたね。酷暑であることや、暑さから身を守るため適度な休みと水分補給をすることのトーンが薄れてしまいました。

「だ・である調」は、強い意思や考えを主張する論文やレポートで使用されることが多い形式です。

語尾に変化があると、文にアクセントがついて内容が頭に入りやすくなります。そのため、「です・ます調」のときは「**〜でしょうか**」、「だ・である調」は「**〜だろう**」「**思われる**」などの語尾をつかってバリエーションを増やしましょう。

これはテンポよく読ませるためのテクニックで、それだけで文章のクオリティーはぐっとアップするはずです。

「だ・である調」「です・ます調」は、内容に合わせてつかい分けることが大切です。そして、注意したいのが「だ・である調」と「です・ます調」をひとつの記事に混同しないことです。必ずどちらかのみをつかって統一感を出しましょう。

文末表現を上手に操ろう！

14
「だ・である調」と「です・ます調」のつかい方《事例編》

前項につづいて、「だ・である調」「です・ます調」のつかい方についてお話しします。どちらが正しいというものはありません。自分の好みや、書く文章の特性に応じてつかい分ければよいと思います。

一般的には、レポート類、論文、記録文などは、「だ・である調」が多いと思います。事実を端的にまとめる必要性があるためです。しかし、トーンが強いことからきつくなりがちで、読者に堅苦しい感じを与えてしまうこともあります。

一方、物語、小説、自伝などは「です・ます調」が多いと思います。しかし、語尾に変化がつけにくいので、歯切れの悪い文章になってしまうことがあります。

私の場合、通常は「だ・である調」が多いのですが、読みやすさを意識する場合、また、取材記事などで、相手が著名人の場合は、柔らかい印象に仕上げるために「です・ます調」をつかいます。

次の事例は、私が実際に投稿した記事になります。

『異邦人』のヒットで有名な、久保田早紀（久米小百合）さんが、知人のネットＴＶに出演した様子を、ルポルタージュでまとめました。

最初は、「です・ます調」にまとめました。ところが、反響が大きかったので、内容を、「だ・である調」に修正したものを、後日に再投稿しました。出だしの部分を比較してみてください。受ける印象が大きく異なると思います。違いがわかりますか？

【例1】

久米小百合（以下、久米さん）は、東京都国立市で生まれました。4歳の頃からピアノを始め、松任谷由実に憧れていた少女でした。共立中・高校を経て、共立女子短期大学に入学します。そして、在学中に開催された1978年「ミス・セブンティーンコンテスト」をシンガーソングライターのコンテストと間違い、自らの曲を録音したカセットテープを送ります。

ところが、これが担当ディレクターの目にとまり、デビューのきっかけにつながります。

『異邦人』（CBS ソニー）の大ヒットは誰もが知るところです。シルクロードを馬車が走り、バックで『異邦人』が流れるエキゾチックなＣＭは大変な評判になりました。

【例２】

皆さまは、久保田早紀という、シンガーソングライターをご存じだろうか。『異邦人』の大ヒットが有名である。現在は、久米小百合（以下、久米）として、教会でミュージックミショナリー（キリスト教音楽家）として活動をしている。

簡単に略歴を紹介したい。共立女子短大の学生時に、１９７８年「ミス・セブンティーンコンテスト」をシンガーソングライターのコンテストと間違い、自らの曲を録音したカセットテープを送ってしまう。ところが、これが担当ディレクターの目にとまり、デビューのきっかけにつながる。『異邦人』（CBSソニー）の大ヒットは多くの人が知るところだろう。

15 漢字と平仮名のバランスのとり方

私は、人が一気に読める文字数は、１５００文字〜２０００文字ではないかと思っています。

一気に読ませる文章にするためには、あれこれ考えず、一気に書き上げてしまうことがコツです。修正はあとからいくらでもできるからです。

そして、文章を書き終えたら、文章の表現や全体の流れに違和感がないかチェックをする推敲の作業に入ります。

気をつけたいのが、漢字と平仮名のつかい方です。漢字と平仮名のバランスも文章を読みやすくするためのテクニックになるからです。

文章をざっと見たときに、漢字が多すぎると堅さを感じて、読む気力が削がれてしまいます。平仮名は読みやすいですが、多すぎても読みにくくなってしまうものです。

次の文章を比較してください。

【例1】漢字が多い

先ず、経営者には、社員が抱く様な「差別意識」は無い。有ったとしても、其れを差別だとは認識できていない。成果の高い社員を慰労しているに過ぎない。然し、社員は、仕事を成し遂げる為に努力をして行かねばならない。

【例2】漢字が少ない

まず、経営者には、社員がいだくような「差別意識」はない。あったとしても、それを差別だとは認識できていない。成果の高い社員を慰労しているにすぎない。しかし、社員は、仕事をなしとげるために努力をしていかねばならない。

【例1】の漢字が多い文章は、年配の方にありがちです。書いてあることも表記もまったく間違えていませんが読みにくいと思います。

【例2】の文章は、漢字と平仮名のバランスを考慮した文章です。【例1】の文章と比較して圧倒的に読みやすくなったとは思いませんか。

このように平仮名をうまく活用することで、文章を和らげて読みやすくすることができるのです。

自分にとって書きやすい文章を心がけましょう。

漢字と平仮名の比率は3対7が基本！

16

「てにをは」のつかい方

文章の目的は、「伝えること」ですが、いくつか注意しなければいけないことがあります。そのひとつが、「てにをは」です。「てにをは」のつかい方について例をあげてみます。

【例1】

① 仕事でトラブルが発生した。上司に頼る。
② 仕事でトラブルが発生した。上司を頼る。

事件が発生したことは同じですが、①の表現は、直線的でひっ迫している状況が伝わってきます。「もはや、上司に頼らざるをえない」、そんな雰囲気です。

②の表現では、そこまでのひっ迫さは感じません。「いくつかある選択肢の中に上司も入っている」、というニュアンスです。

【例2】

①レストランに入った。ビールがいいです。

②レストランに入った。ビールでいいです。

ビールを注文することは同じですが、①は、「ビールを注文したい」という意思を感じます。「ビールじゃなきゃ飲みたくない」「ビールがいいんだ」という雰囲気です。②ではそうした意思までは感じません。「とりあえずビールでいいです」という周囲と歩調をあわせるニュアンスを感じます。

【例3】

①広報部の井上課長がカッコいい。

②広報部の井上課長はカッコいい。

どちらも井上課長がカッコいいという意味として解釈できます。①は広報部の中でも井上課長がカッコいいと聞こえます。誰かとの比較がないので嫌味もありません。②は単なる井上課長のみに焦点を当てた表現ですが、カッコいいのかわかりにくい表現です。

次はありがちな会話です。

【例4】

わたし、説明させていただきます。

「わたし」と「説明させていただきます」の間に助詞が抜けています。「わたし（は）説明させていただきます」「わたし（が）説明させていただきます」では、受け取り方が大きく変わってきます。通常のビジネス文書には助詞が必ず入ります。（は）、（が）の双方がつかえる文脈の場合、（が）をつかうことで、強いメッセージを伝えることができます。読者にもわかりやすく助詞に配慮しましょう。

ビジネス文書は助詞のつかい方で印象が変わる！

17

「これ」「それ」「あれ」のつかいすぎに注意

「これ」「それ」「あれ」などの指示代名詞は、文章全体のつながりが正確でないと読者の混乱を招きます。誰が読んでも混乱しないように注意をはらいながら使用しなければいけません。

（これ）はアメリカの新聞です
（それ）はアメリカの新聞です
（あれ）はアメリカの新聞です

「これ」は近くにあるものを指し示す言葉になります。「それ」は相手の近くにある言葉です。「あれ」は自分からも相手からもへだたっている意味の言葉です。「これ」「それ」「あれ」は、誰の近くにあるかを問う言葉だということを理解してください。また、指示代名詞に合わせて、「丸」や「点」のつかい方も確認してみましょう。次の文章を読んでください。

【例】

1ヶ月前に部長が突然入院した。これまで風邪ひとつひいたことなく元気だった部長がいきなりやつれてしまった。そのような部長を見て社長は病院にすぐに行くように話をした。ところが病院嫌いの部長は「私が居なくなると会社が大変」だと行こうとしない。どうすればいいだろうか。

いかがでしょう、違和感を覚えませんか。

最初を読んだ人は、部長は入院する前だと考えると思います。ところが、全体を通して読んでみると頑なに病院に行くことを拒んでいると書かれています。これでは、部長が入院前なのか、入院後なのかわかりにくい状態です。

【例】修正後

1ヶ月前に部長が突然入院した。社長は病院にすぐに行くように話をしていたが病院嫌いの部長は頑なに行こうとしなかった。

こちらは、指示代名詞を削除した文章です。かなりスッキリしたのがわかると思います。このように書けば誤解されることなく伝えることができます。

さらに、意味の切れ目に「丸」をいれることで文章を切っています。「丸」や「点」は読みやすくするための息継ぎの効果もありますが、間違いなく打たれていることで、読者が余計なことを考えるムダを省いてくれます。

「丸」や「点」の効果は大きいものだと理解してください。

指示代名詞の意味、「丸」「点」も注意して！

18

主語をなににするかで印象が変わる

主語をあらわす助詞に「は」「が」があります。「は」は係助詞（は、も、ぞ、や、か、こそ、等）、「が」は格助詞（が、の、を、に、へ、と、より、から、で、等）です。

本項では助詞の機能について確認しましょう。

① 私は背が低い
② 総合商社は多国籍者が多い
③ このネクタイは彼女が買ってくれた

①〜③を見てみましょう。

このうち、「私は」「総合商社は」「このネクタイは」は主語ではありません。それぞれ、「私の背は低い」「総合商社に多国籍者が多い」「このネクタイを彼女が買ってくれた」に置き換えられるからです。

「の」「に」「を」に置き換えて意味が変わらないものを主語と呼ぶことはできません。

主語は以下の部分になります。

①背が低い
②多国籍者が多い
④彼女が買ってくれた

「〜は○○だ」という文の「〜は」は、主題や課題を表しています。「〜といえば」「〜についていえば」は、課題を提示するもので主語を示しているわけではありません。

次に①〜③の主語を変化させてみます。

①背が低い私
②多国籍者が多い総合商社
④彼女が買ってくれたこのネクタイ

①は背が低いことを強調している印象がします。

②は多国籍者が強調されています。
③はネクタイよりも彼女が強調されています。

このように、意味としては同じでも、主語をなににするかで印象が変わることも覚えておいたほうがいいでしょう。

主語の置き方で印象は変わる!

19

修飾語のつかい方に気をつける

修飾語は、主語や述語につけ加えることで意味を変化させることができます。「どんな」「どのように」「どこで」などの種類があります。物事をくわしく説明するには、修飾語の存在は欠かせません。

文章を書く際、筆者は思いついた順番に書く傾向があります。しかし、読者はなにも背景を知りませんから、きっちり伝えたいのであれば、読者が読むことを想定して時系列にわかりやすく構成する必要があります。思いついた順に書いていると、読者は額面どおりに受け取るしかなく混乱してしまいます。だからこそ、修飾語のつかい方に注意しなければいけないのです。

次の文を読んでください。

【例】

巨人は3位のAクラスで、どうにか優勝の翌年にBクラス転落の不名誉を免れた。

【修正例】

昨年優勝した巨人は3位のAクラスで、Bクラス転落の不名誉をどうにか免れた。

これは、あるスポーツ新聞のデジタル版の記事です。

「どうにか」は「免れた」の前に置かなければ意味が通じなくなります。**修飾語は、被修飾語の前に置かなくてはいけません。**

読者は読んだ後に、その言葉がどこに掛かるのか確認しながら読みすすめます。読者には余計なことを考えさせてはいけません。

この文の主語は「巨人」、述語は「免れた」です。

修飾語は「どうにか」ですが、上の文は「優勝」に掛かっているのに対して、下の文は

「免れた」に掛かっています。上の文だと「どうにか優勝」したのかと勘違いしてしまいます。修飾語は、下の文のように、修飾する主語や述語の前に置き、句読点を組み合わせることで、より修飾語句を明確にできます。

さらに、なにを形容する言葉なのか考えなくてはいけません。次の文を読んで下さい。

---

①美しい佐藤さんの家です。

②佐藤さんの美しい家です。

---

①は佐藤さん自身が美しく、②は家が美しいという理解になります。基本的なことではありますが、**修飾語の置き場所を変えると、伝えたいポイントが変わります**。たとえば、相手をほめたい、お礼を言いたいと思ったひと言でも、修飾語を間違えることで、相手に伝わらないこともあります。伝えたいポイントはなにかを考えて書くようにしましょう。

修飾語の置き方かたに注意しよう！

20

「置いておいて」に気をつける

「置いておいて」は同じ言葉が連続するので、誤用ではないかと考える人が少なくありません。


【例】

「部長の机の上に置いておいてください」


実は、「置いておいて」は正しい日本語で誤用ではありません。

これは、現状の「置いておく」の連用形です。「置いた状態で、そのままにする」という意味で、「〜て」＋「おく」ですから正しいのです。

ただし、同音反復の形ですから見た目が美しくありません。

「置いておいて」が「置いて置いて」の動詞の重複イメージにつながるので稚拙に見えてしまいます。

また、「置く」の動詞そのものに、「置いておく」の意味があります。そこに「～ておく」の補助動詞を置きますから、しつこい感じがします。「置いておいて」は間違いではありませんが、「置いといて」「置いておく」「置いとく」などに、言い回したほうが違和感がありません。

日本の古典和歌には反復表現が多用されていますので紹介します。「内大臣藤原卿采女安見児を娶る時に作る歌一首」（『万葉集』巻第二、相聞95番）を読んでみます。

「吾者毛也　安見児得有　皆大乃　得難尓為云　安見児衣多利」
「ワレハモヤ　ヤスミコエタリ　ミナヒトノ　エカテニストイフ　ヤスミコエタリ」

藤原鎌足が、天智天皇の采女・安見児を賜ったときの歌になります。鎌足の、手放しの喜びが、第二句と結句の「やすみこえたり」のくり返しに表れています。

古典和歌の時代から、日本では反復表現がつかわれていました。誤用ではありませんが、つかう局面を間違えると稚拙な印象が残ります。「置いておいて」のように、同じ言葉が連続する場合は気をつけるようにしてください。

さて、冒頭で例にあげた「部長の机の上に置いておいてください」ですが、これを書き換えたい場合は次のような表現もあります。

「部長の机の上に置いておきます」
「部長の机の上に置いたら、そのままで構いません」
「部長の机の上に置いて。そのままでいいから」

なお、「置いて置いて」というように、漢字を連続させるのは好ましくありませんので注意してください。

動詞にくっつく補助動詞のつかい方は気をつけよう！

21

読者の関心にあわせたテーマを設定する

ニュースなどの記事の場合には不特定多数の人に読まれることを想定して文章を書かなければいけません。テーマは読者の関心にあわせたほうがいいでしょう。一般的なオープン情報から読者の関心を推測することは難しくありません。そのテクニックのいくつかをお教えしましょう。

まずはＳＮＳの書き込みを参考にします。

たとえば、20代の趣味について文章を書きたいとします。検索エンジンで調べれば、おおむねの傾向がわかります。

	【20代の趣味】	【60代の趣味】
1位	在宅ワーク	神社・仏閣めぐり

2位	一人旅	株
3位	バイク	一人旅
4位	射撃	在宅ワーク
5位	自転車	ジョギング・マラソン

ブログやSNSを見れば、この年代の人の嗜好がわかると思います。最近は文字のみならず画像までアップされているのでより詳細な情報を把握することができます。

「今日、行きたかった○○寺に来ています」
「○○線の始発で終点まで行って来ました。名物のお蕎麦を食べたら終電で帰ります」
「○○マラソンシニアの部に出場。はじめての完走です」

これが、恋人、夫婦、近所のサークル、同級生など、プライベート色が強いほど確信にかわるはずです。一緒に登場している方のブログやSNSをたどっていくだけで多くの情

報を収集できます。いま、60代のシニア向けに一人旅の記事を書こうとしていたとしましょう。

「一人旅で人気の場所とは？」

「人気の○○で絶品蕎麦を楽しむ！　源泉かけ流しも満喫せよ」

どちらの記事を読みたくなるかといえば、後者だと思います。読者が読みたい、または反応しやすい言葉を散りばめることで興味をひきつけることができます。

読者の関心事をテーマにしよう！

22 専門性の高い文章ほどわかりにくい

私は文章を書く際、「つめ込みすぎない」ように気をつけています。つねに短いキーセンテンスで区切って簡潔にまとめるようにしています。**書く際のポイントは「自分の伝えたいことを書く」のではなく、「相手に促したいことを書く」ことです。**

相手に促すのは、具体的な行動（たとえば本を買ってもらうとか、展示会に足を運んでもらうなど）になりますから、肯定的な答えを引き出せるように文章を整えます。

つぎに、相手の立場を想定しながら文章を書くことが大切です。相手の立場を想像しながら、読者の想像力が膨らむように整えます。

その際、伝える文章量を減らしたり、読者が都合よく、想像できるような適度な糊しろを用意します。

文章は、伝えたいことが理路整然と正しくまとめられていても、相手の心が動かされるとは限りません。

それではつぎの文章を読んでください。どのように感じますか。

【例】

「今回の分析では、多種類の説明変数があり目的変数がないときに指標となる定量データを用意してください。主成分の個数は元変数について寄与率と累積性を勘案してください。主成分分析はプロマックス回転で0・7以下を切り捨てます。」

【改善例】

「今回は因子分析をおこないます。データはテキストデータで用意ください。0・7未満の数値のものについては採用しないでください。」

【例】に書いてあることは正しいのですが、これではなにが言いたいのかまったくわかりません。SEや、統計解析などの専門性があればわかるかもしれませんが、相手が同じ分野に精通しているとは限りません。

【改善例】を読んでください。これならばイメージがつきやすいと思います。

このように専門性の高い文章ほど、誰が読んでもわかりやすいレベルに落とし込むように注意してください。

専門性の高い文章は、文章レベルを落とし込む！

23 自分の書き方を見つける

私が書いている書籍紹介記事は、新聞や週刊誌などの書評とは書き方が異なります。一般的な書評には、本を読んだ筆者の感想が記されています（もしくは、引用や印象に残った箇所の抜粋など）。しかし、私の書評にはそうした記載はありません。

一般的な書評の読者は、書評家の一方的な論考を強制的に読まされることになります。読者は本を読んでいないので納得感が得られません。私も、そのような書評を読んでしっくりきたことがありませんでした。

日本の書評は欧米のものをマネたと言われていますが、いくつかの問題点があります。読者にとって興味深い本（もしくは役立ちそうな本）を紹介するという、基本的な目的を果たしていないからです。

さらに、書評の点数をつけて、「よかった」、「悪かった」など、問題点を指摘するだけの内容に終始しているため、これでは読者にとって有益な情報とはいえません。売れ筋ばかりを追い、書評家の独自の視点が生かされていないのです。

そのため、私は一般的な書評ではなく、ルポルタージュ（Reportage）という手法をつかっています。

ルポルタージュは、取材記者やジャーナリストが、社会問題などを題材に取材を通じて、事実を叙述する手法のことです。ルポ記事、報告記事などともいわれます。

書籍であれば、ユニークな箇所や読者にとって役に立つと思われる箇所があったとき、その部分にフォーカスして掘り下げていきます。

書評とは異なり、深い部分から論考していくことになりますから、全体的に迫力が増すインパクトのある文章に仕上がるのです。

また、「世の中に埋もれている優れた本を発掘すること」を目的としているので、著名人でなくても、魅力的な作品であれば、可能な限り紹介しています。

掲載基準としては「世に問いたいテーマが明確であること」を重視しています。

年間、３００冊近く紹介していますが、結果的に、これが評判になり、出版や取材依頼につながっています。

文章は、学校の授業で習ったとおりに書いても、オリジナリティにあふれた仕上がりにはなりません。

そのような常識を捨てて、自分だけのオリジナルの文章、スタイルを確立するように心がけてください。

自分のスタイルが確立すると書くことが楽しくなる！

24 文章を読み直して推敲する

文章のチェックを推敲といいます。推敲は自分の文章をよくするためにおこなう作業です。よくするための作業であれば、甘いチェックをしてはいけません。ここは、うるさい読者になったつもりで、自分の文章を批評しなければいけません。厳しい姿勢でのぞまないと改善点があきらかにならないからです。とくに、文章を書くことになれている人や自信がある人ほど謙虚さが必要です。

客観視する3つの方法をお教えします。すぐに実行してみてください。

① 1日空けてから読み直す

夜中にラブレターを書いて、次の朝に読み直したら、とんでもない文章だったという経験はありませんか。書き終わったら、少し時間を置いて読み直すことをおすすめします。

② 印刷して読み直す

PC上の画面で文章を読んでいるのと、実際に印刷して読むとでは見え方は大きく変わります。紙に印刷するだけで、ミスに気づきやすくなります。

③ 声を出して読み直す

音読しながら読み返すと気がつかなかったミスに気づきやすくなります。視覚、聴覚の両方で文章を確認することで推敲の精度が高まります。

協力者がいるなら他人に読んでもらうことも効果的です。他人であれば、思い入れはありませんから、厳しい態度で読んでくれるはずです。

また、テーマにまったく合致しない読者は文章に対するベースの知識もありませんから、どこが課題でわかりにくいか明確に気づいてくれます。

さらに、つけ加えるなら、想定読者と同じようなプロフィールの協力者が望ましいと思います。

客観視する方法はいくつかあると思います。取組みやすい方法を実行してみてください。

文章は必ず見直すようにしよう！

25

読書が文章力を高めてくれる

文章のうまい人には読書好きが多いように思います。他人の本を読むことは、自分とは異なる文章に触れることを意味します。知識が増えますから表現が豊かになります。「この人はこんな視点があるんだ」「こんな表現方法をしているんだ」など、他を知ることによる気づきは小さくありません。他人の文章に影響されることで自分の思考や性質に変化が生まれることもあるでしょう。自分と異なる文章に触れることで思考も鍛えられていきます。文章を書くことが苦手な人は、いきなりテクニカルなスキルを学ぶよりも、本を読むことによって得られる効果のほうが大きいかも知れません。

文章量が多いもの（たとえば書籍など）を作成する際には、自らの経験をたな卸しして自己分析をする場合があります。自己分析とは、過去の経験や出来事から価値観などを整理し、志向タイプをはっきりさせることです。おもに、自分の強みや弱みを明確にしながら自分自身の軸やパターンを発見する際につかわれます。

自分の思考や考え方を整理するためにも、他の人の文章に触れることは意味があります。読書は、自分の思考を知るための効果的な方法なのです。

また、読書は自分の文章を客観視する機会を与えてくれます。文章を書いていると、近視眼的になったまま、ちぐはぐな文章を書いていることに気づかないで突き進んでいることも往々にしてあることです。そうならないためにも、客観視は必要な作業です。

読書を始めると、本を読む速度を気にする人がいます。読む速度は人それぞれで、自分のペースで読書をすすめるといいでしょう。人と比較する必要はありません。

読書の後は内容をインプットしましょう。読み終わってそのままにするのではなく、記憶に残すためにノートやブログにアウトプットすることも効果的です。**インプットとアウトプットをくり返すことで、自分の感想や考え方を、上手くまとめることができるようになるでしょう。**

文章力UPには他人の作品から学ぶのが一番！

第3章

文章の「やってはいけない！」

26 難しい・聞きなれない言葉はつかわない

文章を読もうと思ったとき、難しい漢字や、聞きなれない言葉が多くて読む気をなくした、という経験はありませんか？

難しい言葉をつかえば、知的で賢い印象を与えるかもしれません。しかし、そうした文章は万人受けする文章ではありません。

たくさんの人の目にとまる文章は、普段の生活でよくつかう言葉で作成することを心がけましょう。

難しい言葉をつかうよりも、相手に伝わりやすい文章を書けることが大切だからです。

たとえば、政治家がつかう表現は、私たちに馴染みのない単語が多いため、理解するのに時間がかかります。

「杞憂に終わる」「是々非々の対応」など、日常でつかうことがない言葉が大半です。意味がわからない人も多いと思います。そのため、難しい言葉はわかりやすい言葉に置き換えて文章を書く必要があります。次の文を読んでください。

【元の文章】

「本件につきましては、虚心坦懐に関係各所の意見を伺いながら熟慮したいと思います」

【修正した文章】

「市役所新築につきましては、費用総額を今年の10月までに算定し、指名入札に応募した業者のなかから発注業者を選びたいと思います。また、改築の要請もありますので、第三者委員会の意見を踏まえ決定したいと思います」

【元の文章】はなにをするのかがまったくわかりません。【修正した文章】は、あいまいさを排除しているのでわかりやすくなったと思います。

もし、難易度の高い文章を上手に書けたとしても、読む人に届かなければ意味がありません。読む人にあわせて言葉を上手に操る術が身につけば、より多く人の心を引きつける文章が書けるようになるでしょう。

文章をわかりやすくするには、難しい言葉の意味を知っておく必要があります。知らない言葉に出会ったら、迷わずノートなどに意味を添えてまとめておいてください。もし、「伝わりにくい文章ではないか？」と感じたときは、ためらわずに書き直してください。難しい文章をわかりやすくするトレーニングは役立ちますので、覚えておくといいでしょう。

また、言葉の置き換えも覚えておくといいでしょう。

たとえば、ネガティブな言葉は周囲を不快にさせて意欲を減退させる危険性があります。ネガティブな言葉を多用すると信用を落としかねないので注意が必要です。ネガティブな言葉をつかいそうになったら、ポジティブな言葉に置き換えるといいでしょう。

その文章の目的や対象読者、読者に受け取ってもらいたいメッセージ、読者の中でわき上がるであろう感情などを見極めながら、上手につかい分けることが理想的です。

○彼は（無口）→彼は（思慮深い）
○彼女は（鈍感）→彼女は（小さいことを気にしない）
○彼は（飽きっぽい性格だ）→彼は（切り替えがうまい）

○彼は（往生際が悪い）↓　彼は（粘り強く頑張っている）
○彼は（口が悪い）↓　彼は（正直な人）
○彼は（悲観的）↓　彼は（慎重）
○部長は（老けている）↓　部長は（風格がある）
○彼女は（だまされやすい）↓　彼女は（純粋）
○父は（頑固）↓　父は（信念がある）
○彼は（怒りっぽい）↓　彼は（熱血漢）

このように、ネガティブな表現はポジティブに置き換えられるように語彙を増やしておくといいでしょう。

言葉の意味を理解してつかおう！

27

理解があやしい「カタカナ語」はつかわない

「ワイズ・スペンディング」「リセット」「アウフヘーベン」。これは、小池百合子都知事が使用したことで話題になったカタカナ語です。カイロ大卒で語学に堪能な小池都知事ならではの言い回しですが、一般的には理解されていない言葉もあります。一般のビジネスパーソンが使用するなら、カタカナ語には気をつけなければいけません。

まず、意味をわかっていてつかっているのかな？と思ってしまうことがあります。よく耳にする言葉でも、ちゃんとした意味を聞かれると説明できない！という人も多いと思います。よくつかわれるカタカナ語には、アバター、エンターテイメント、カオス、クラウド、バイタリティ、ベネフィットなどがありますが、意味がわからない言葉はありませんか。

記事を書くときにカタカナ語をつかえば、イマドキな感じがするしカッコよく見える、というのはわかります。ですが、それよりも大切なのは、人に伝わりやすく正しい文章を書くことです。先ほどのカタカナ語の意味をわかりやすく置き換えたので読んでみてください。

○エンターテイメント＝娯楽、遊び　※エンターテイメントを重視した設計。
○カオス＝混沌、雑然、　※この状態はまさにカオスだ。
○プライオリティ＝優先順位　※仕事のプライオリティを考えている。
○バイタリティ＝活気、生命力　※彼にはバイタリティがある。
○ベネフィット＝利益、恩恵　※会社のベネフィットはなにか。
○アセスメント＝事前評価、人材評価　※昇進用のアセスメントを実施する。
○コンプライアンス＝法令遵守　※この行為はコンプライアンスに抵触するので危険。
○ダイバーシティ＝多様な人材活用、異を尊重する　※当社の採用基準はダイバーシティです。
○アサイン＝指令、任命　※メンバーにアサインされた。
○エビデンス＝根拠、証拠　※この論文のエビデンスは間違いである。
○コミットメント＝「委任」「責任を持った約束」　※役員は、業績へのコミットメントが必須だ。
○アジェンダ＝「提案内容」「目次」　※セミナーのアジェンダに目を通してください。

想像していた意味と少し違った言葉はありませんでしたか？
基本的に専門用語は専門の場所でつかうことが望ましく、言葉は時と場所、場合に応じてつかい分けてください。カタカナ語をつかうときは読む人に理解できるか考えましょう。

カタカナ語の問題点は複数の意味をあらわす言葉があることです。

《カタカナ英語ＴＯＰ10》は次のとおりです。

1位「コミットメント」、2位「ユーザー」、3位「エビデンス」、4位「スペック」、5位「アジェンダ」、6位「コンセンサス」、7位「フィックス」、8位「ジャストアイデア」、9位「シェア」、10位「ペンディング」。（R25調べ／協力・アイリサーチ）

カタカナ語は意味を理解した上でつかうように！

28

業界用語や専門用語はつかわない

人に物事をわかりやすく説明する際に必要なのは、相手に理解してもらいたいという意識です。伝える内容を相手に合わせなければいけません。

特定の人にはわかりやすくても、一般の人にはわかり難い言葉はたくさんあります。

次の例文は、あるコンサル会社の社内の様子ですが意味は通じるでしょうか。

【例】

社長　「新年度から組織替えをおこないたい。レイヤーはどのようになっているかね」

役員　「官公庁部門のクライテリアがイマイチです。パフォーマンス・インプルーブが必要です」

社長　「では担当をお願いしたい。インプリまで頼むね」

役員「人事制度はインクルードしますか」
社長「いや、組織替えをしたからバスケットだけを入れ替えよう」
役員「では、いま素案をお見せします。いかがでしょうか?」
社長「Busyで好感が持てない。各々のクルデンシャルを盛り込んでほしいな」

これをわかりやすくする(訳す)と次のようなやり取りになります。

【例】

社長「新年度から組織替えをおこないたい。部門と階層はどのようになっているかね」
役員「官公庁部門の実績がイマイチです。業績を改善させることが必要です」
社長「では君に担当をお願いしたい。プロジェクト遂行まで頼むね」
役員「人事制度は刷新させますか」
社長「いや、組織替えをしたから賃金テーブルだけを入れ替えよう」
役員「では、いま素案をお見せします。いかがでしょうか?」

社長　「この素案は読みにくいから好感が持てない。各部門の実績を盛り込んでほしいな」

専門用語がいかに伝わりにくいか、わかったと思います。こうした言葉は、一般の事業会社の方はつかわないほうが賢明でしょう。

同じ社内であれば通じる言葉も、使用局面を間違えると大変なことになります。

業界用語（とくに横文字）は使用局面を考えよう！

29

同じ言葉を連続してつかわない

読みやすい文章を書くためには、同じ言葉を重複してつかわないことも心がけなくてはいけません。ひとつの文に同じ語句が連続するとリズムが失われて稚拙な印象を与えてしまいます。次の文を読んでください。

【例】

ＬＩＮＥが普及していなかった時代は、スタンプではなく文章を書く時代だった。売上を増やす条件として、２つの条件を検討すべきである。

連続することでリズムが失われていることがわかると思います。修正すると次のようになります。

【修正例】

LINEが普及していなかった頃は、スタンプではなく文章を書く時代だった。売上を増やす2つの条件を検討すべきである。

同じ言葉の重複を避け、文のリズムを整えています。また、表現を簡略化することで読みやすくなります。

ほかにもくり返しつかいやすい間違いに「こと」があります。

【例】

今回、チームが目標達成をしたことで、おおきな喜びを感じることができました。これは、1人では実感できないことであり、一緒に頑張ったことで、一体感を深めることができました。

【修正例】

今回、チームが目標達成をしたときに、1人では実感できないおおきな喜びを感じました。一緒に頑張ったことで、一体感も深まりました。

短い2行の文に、「こと」が5箇所あります。ひとつの言葉をくり返しつかってしまう傾向は誰にでもありますが、ここまで連続すると、読みにくさを感じさせてしまいます。とくに長文の際には気をつけてください。

同じ言葉を連続してつかわない！

30 重ね言葉はつかわない

「重言」（重ね言葉）とは、同じ意味の言葉をくり返しつかうことです。本人も気がつかずに使用しているケースが多く、話し言葉をそのまま文章に起こした際に起こりやすい現象です。「重言」の中には、つかわれる頻度が高く一般的とみなされているものがあります。そのため日常的な会話においては違和感の感じないものがあります。

たとえば、手紙で「お体をご自愛ください」と書く人がいますが、これは同じ意味の言葉をつなげているので「重ね言葉」になります。**「ご自愛ください」のみで十分**なのです。

短い文章ならそれほど気にならないかもしれませんが、長い文章に入っていると違和感を覚えるようになります。回りくどく、高圧的な印象を与えてしまうので注意が必要です。意味を重ねるので強調表現として解釈される場合があるからです。

「重言」の種類はいくつかありますが間違えそうなものを紹介します。

・営業の目標達成率は、「いま現在」どんな感じ？
・運転手さん、そのまま「後ろにバック」して
・オフィスを出るときには「電気の電源」に気をつけて
・よかった、「内定が決まって」ホッとしたよ
・投票の結果は「過半数を超えて」いたよ
・今回の提案は当社の命運がかかっている。「一番ベスト」な方法を選ぼう
・ゴルフの「平均アベレージ」を教えてください
・明日の「披露宴のパーティ」にはなにを着ていきましょう
・今日の「昼食のランチ」はなににしましょうか
・昨日はサプライズでね。「思いがけないハプニング」があったよ
・社長に「すべてを一任」します
・今日は提案主旨書を用意して。「必ず必要」だから
・映画の「最後のラストシーン」が感動的でした

次に、一般的に使用されている重ね言葉を紹介します。

・このツマミは「酒の肴（サカナ）」に最高だね
↓ 肴には酒のツマミの意味がある。つまり、「ツマミ」だけで構いません。
・彼はきっと「後で後悔する」ことになるでしょう
↓ 後悔は先にできないので、「後悔する」のみで構いません。
・これは「甘くて美味しいスイーツ」ですね
↓ スイーツは甘いもの。この文章だと「甘くて美味しい甘いもの」の意味になってしまいます。

テレビ番組でも普通につかわれている場合がありますが、これらは間違いです。文章を書き上げた際は、重言になっていないか見直しましょう。すでに、誤用ではなく一般化したものもありますが、フォーマルな文章では避けたほうがいいでしょう。

知らず知らず重ね言葉をつかっていないか注意しよう！

31 意味のない言葉をつかわない

文章を書いているうちに、知らないうちに無意味な言葉が入ってしまうことがあります。よくあるのが「基本的に」という言葉です。文脈をみても、使用する理由がわからず不可解なことが多くあります。単なるクセである場合も多く、削除しても問題のないことがほとんどです。次の文を読んでください。

【例】
これで各社の提案が出揃いました。基本的に提案のレベルは悪くないと考えています。

【修正例】
これで各社の提案が出揃いました。提案のレベルは悪くないと考えています。

「基本的に」を削除することで、シンプルでわかりやすくなりました。
ほかには、「これから説明します」「これから述べます」という「前振り」や、「なぜなら」という表現も不要です。言われなくても読者にはわかっていることだからです。

【例】
今回の提案は、組織と人事に向けたものです。「ポイントをこれから説明します」。

【修正例】
今回の提案は、組織と人事に向けたものです。

提案の場では、「ポイントを説明します」のでこの部分が不要です。

【例】
最近、マネージャークラスがたるんでいる。なぜなら、遅刻ばかりが目立つではないか。

【修正例】

最近、マネージャークラスがたるんでいる。遅刻ばかりが目立つではないか。

接続詞は、つかいこなせれば、理路整然としますが、間違ってつかうと支離滅裂になります。伝わりづらい文章には、「そして」「しかし」などの同じ接続詞が連続していることがあります。

「そして」に続けて接続詞をつかう場合は「さらに」「かつ」などを、「しかし」に続けて接続詞をつかう場合は「だが」「ところが」などをつかうようにすれば、読みやすくなります。

接続詞の乱用には注意しよう！

32 形容詞を多用しない

形容詞は名詞を修飾する言葉です。便利な言葉ですが、形容詞のつかいすぎは文章をわかりにくくします。たとえば次のような表現です。

「当社はいい会社です」。
「当社は風通しのよい会社です」。

採用のホームページやパンフレットで、このようなリード文を見かけることがよくあると思います。ところが、応募者（学生）からすれば、「当社はいい会社です」「当社は風通しのよい会社です」と言われても、比較して検証することができませんからリアリティがありません。リアリティがなければエントリー促進にもつながりません。

では、どのような情報を載せたほうがいいのでしょうか。それは具体的な数値です。たとえば、「年間有給消化率80％」「高校卒の管理職比率が60％」「賞与平均は月給10か月分」などの、数値化できる情報をあげることです。そうすれば、応募者への説得力につながるはずです。

これは、企業の採用に限らずさまざまなことにいえます。

「暑い」「うれしい」「楽しい」も形容詞ですが、これをそのままつかうと、意味としてはわかりますが、稚拙な印象をあたえます。

形容詞ではなく、動詞や慣用句に置き換えると文の印象がかわります。

【形容詞】　　　　　　　【動詞・慣用句】

今日は暑いです　　→　今日は蒸し風呂のようだ

会えてうれしかったです　→　会えて光栄です

これをさらに伝わりやすくするには、具体的な数字を入れることです。

【形容詞】

今日は暑いです
↓
今日は気温38度で蒸し風呂のようだ

会えてうれしかったです
↓
2年ぶりに会えて光栄です

【動詞・慣用句・数字】

今日は気温38度で蒸し風呂のようだ
2年ぶりに会えて光栄です

形容詞を多用するのではなく、**動詞**、**慣用句**に置き換えてみましょう。さらに、**数値化できる情報**を載せるように心がけると文章のクオリティがアップします。

形容詞は動詞や慣用句に置き換えよう！

33 接続詞のつかい方に気をつける

「接続詞」は、つながっている2つの語句・文章の関係を示します。つかい方によって文章の意味がまったくかわってきます。無理に文章にエッジをつけようとすると、意味がかわってしまうことがありますので注意してください。

【例1】

創業者として名高い、本田宗一郎（ホンダ）、松下幸之助（パナソニック）、豊田喜一郎（トヨタ）、稲盛和夫（京セラ）、盛田昭夫（ソニー）、ならびに、柳井正（ファーストリテイリング）は日本を代表する経営者である。

経済に詳しくない人が、この文章を読んだ場合、全員が創業社長だと思うでしょう。

しかし実際は創業社長ではない人物がいます。本田宗一郎、松下幸之助、豊田喜一郎、稲盛和夫、盛田昭夫は創業者ですが、柳井正は創業者ではありません。ユニクロを展開するファーストリテイリングは、父（柳井等）が立ち上げた小郡商事が前身です。

ここでつかわれている接続詞「ならびに」は、間違いではありませんが、このような場合は明確に文章の表現を分けてしまったほうがわかりやすいでしょう。

【例2】

創業者として名高い、本田宗一郎（ホンダ）、松下幸之助（パナソニック）、豊田喜一郎（トヨタ）、稲盛和夫（京セラ）、盛田昭夫（ソニー）、ならびに、二代目経営者として会社を急成長させた、柳井正（ファーストリテイリング）は日本を代表する経営者である。

今回は、はっきり明記しましたので間違えることはありません。

「ならびに」は並列を意味しますので、立場を明確にしないと並列と間違えてしまい伝わりにくくなってしまいます。

接続詞は便利ですが、いくつかのつかい方やパターンがあるので、関心のある人は調べてみてください。

接続詞をつかう場合は、前後の立場をはっきりさせよう！

34 連続する助詞を防ぐ

日本語には、「が」「の」「を」「に」「と」「へ」などの助詞という単語があります。助詞は単語としての意味はなく、付属語で自立語について関係を示したり、意味を添えたりします。文章を作成する際に欠かせませんが、助詞が連続すると読みにくさを感じさせたり、稚拙な印象を与えてしまうことがあります。次の文章を読んでどのように感じるでしょうか。

【例】NG文章

鈴木さんの奥さまの花子さんのお気に入りのビストロに行きました。

これはかなり極端なケースですが、助詞が連続することで読みにくさを感じます。次のように修正することで読みやすくなります。

【例】ＯＫ文章

①奥さまのお気に入りのビストロに行きました。
②鈴木さんの奥さまがおすすめする、お気に入りのビストロに行きました。

ＮＧ文章には、４つの「の」が使用されていましたが、①は、２つに減らすことで読みやすくなりました。②は、言い回しや表現を工夫しています。

では次のケースも見てみましょう。

【例】ＮＧ文章

私は金曜日は残業はしないようにしています。

「は」が３回連続しています。３回でもしつこく読みにくさを感じます。この文章を修正するにはどうしたらいいでしょうか。

【例】ＯＫ文章

①金曜日は残業をしないようにしています。
②金曜日に残業をしないようにしています。
③金曜日、私は残業をしないようにしています。

①と②は異なる助詞に変更して、２つの使用に留めています。③は読点を打つことで読みやすくしています。

ひとつの文章の中で助詞をつかう場合は、「２つまでをルールとする」「異なる助詞をつかう」「表現や言い回しを工夫する」ことで、スマートな文章になります。

助詞が連続すると読みにくくなるので注意しよう！

35

「こと」「の」に気をつける

修飾語のうち、体言を修飾する連体修飾語という言葉があります。

体言とは、主語になる単語のことで、具体的には「名詞」を意味します。

たとえば「花」は名詞ですが、花を修飾するには「きれいな花」「白い花」「ひまわりの花」などがあります。この「きれいな」「白い」「ひまわりの」が連体修飾語です。

また、連体修飾語を受けて使用される「形式名詞」があります。

形式名詞は、直前の内容（状態、程度など）を名詞化できるので便利な単語です。

しかし多用しすぎると、文章をぼやかして抽象化させてしまうおそれがあるため注意が必要です。ビジネス文書などの、実用的、実務的な文章での多用は控えたほうがいいでしょう。

① 仕事のことで話を伺いたいのですが
② キャリアのことを計画することが楽しい

①の場合は、「〜について」に置き換えることができます。②の場合は、「こと」が連続していますので、しつこい感じがします。名詞なので「です」で終わることができます。「キャリアのことを計画することが楽しいです」となります。次に名詞化の「こと」について説明します。

---

①私の趣味はギターを弾く。↓ 私の趣味はギターを弾くこと。
②私の趣味はテレビを見る。↓ 私の趣味はテレビを見ること。

「私の趣味はギターを弾く」「私の趣味はテレビを見る」の場合は、動詞になります。この場合は、「こと」をつけることで、名詞化して使用することができます。次に、「こと」と「の」のつかい方について説明します。

---

①近所で火事があった（こと or の）を知らなかった。
②結婚した（こと or の）を嬉しく思います。

---

①②の場合は、違和感がありませんが、「です、だ、〜である」で終わる文章の前には「の」を使用することはできません。

目標は優勝することです。　↓　目標は優勝する（の）です。
目標は優勝することだ。　↓　目標は優勝する（の）だ。
目標は優勝することである。　↓　目標は優勝する（の）である。

「の」を使用すると、意味として通じなくなることがわかると思います。また、「の」しかつかえない文章もあります。視覚、聴覚、嗅覚、味覚、などの知覚全般、感情の動きや、熱い、暑い、重い、固い、などの自覚的な動詞の前ではつかえません。

誰かが近づいてくる（の）を感じる。
面接の順番が近づいてくる（の）を感じる

パターンを覚えてしまえば難しくないので正しくつかえるようにしましょう。

「こと」「の」の多用に注意しよう！

36

「こそあど」言葉は言い換える

「こそあど」という、代名詞、形容動詞、副詞、連体詞の中で、指示語（指し示すはたらきを持つ語）をまとめた名称があります。「これ」「それ」「あれ」「どれ」の指示語は、日常会話の中ではよくつかわれます。頭文字をとって「こそあど」といいます。

会話の中での「こそあど」は問題はないのですが、文章にするとなにを指し示しているのかわかりにくく意味が通じなくなることがあります。

「これ、それ、あれ、どれ」（代名詞）
「こんな、そんな、あんな、どんな」（形容動詞）
「こう、そう、ああ、どう」（副詞）
「この、その、あの、どの」（連体詞）

このような言葉をよくつかっていませんか。とくに、ビジネス文書では「こそあど」は抽象的であることから同じ解釈として伝わりません。

「企画書に書いてあるようにこんな感じでお願いします」
↓「企画書の見積もりどおり税込み１００万円でお願いいたします」

「提案の件ですがどんな感じになりますかね」
↓「提案の件ですがご検討の状況はいかがでしょうか」

具体的に言い換えることで伝わりやすくなります。ビジネス文章は誰が読んでも同じように伝わることを意識しなければいけません。もし、文章が伝わりにくいと感じた場合、「こそあど」をつかっていないか検証してみてください。

「こそあど」言葉は抽象的になるので気をつけよう！

37 慣用句は多用しない

慣用句とは、2語以上の単語が固く結びつき、全く異なる意味を持つものを指します。
ただし、多用しないことをおすすめします。
というのも、誤った意味として使用しているケースが多いからです。
誤って使用される例としてよくあげられるのが次の慣用句です。

○ 役不足（やくぶそく）

「役不足」を「能力が足らない」という意味で使用する人が見受けられます。

たとえば、「レ・ミゼラブルの主演は彼では役不足だ」、このようなつかい方をする人がいます。しかし、「役不足」の意味は、「能力に対して、役目が軽すぎること」をあらわします。ですから、先ほどのつかい方では「レ・ミゼラブルの主演は彼ではもの足りない」という意味になります。ずいぶんと自信過剰なつかい方に見えますよね。

○煮詰まる（につまる）

「あらゆる策を試したが成果が出ない。もはや煮詰まった状態だ」。このつかい方では追い詰められた状況ですが、本来は「議論や考えが出尽くして結論の出る状態になること」をいいます。煮詰まっている状態なら、結論が出る寸前というつかい方が正しいのです。

○失笑（しっしょう）

「あきれてしまう」という意味に対して「失笑する」をつかう人がいます。しかし本来は、「あきらかに彼の発言は会議の場で失笑を買っていた」というように、「思わず笑い出してしまった」という意味です。

間違えやすい慣用句はほかにもたくさんあります。皆さまのつかい方はいかがでしょうか。ぜひ確認してみてください。

【間違えやすい慣用句】	【意味】
○気が置けない	遠慮がない。
○檄《げき》を飛ばす	自分の主張や考えを広く知らしめて同意を求めること。
○ごぼう抜き	大勢の中から一人ずつ順々に引き抜くこと。
○潮時《しおどき》	物事を行うのに最もよいときのこと。
○敷居が高い	不義理なことがあり、その人の家に行きたくないこと。
○情けは人の為ならず	情けをかけておけば、自分によい報いがあるということ。
○憮然《ぶぜん》	失望してぼんやりしていること。
○お誂《あつら》え向き	注文どおりであること。希望どおりであること。
○歴《れっき》とした	身元などがしっかりしていること。
○論を俟《ま》たない	論じるまでもない。

慣用句のつかいすぎに注意しよう！

38

お役所言葉は「なにも伝えていない」のと同じ

「お役所言葉」というものがあります。

「前向きに検討する」「対応を協議する」「可及的速やかに対処する」「全力を挙げて対応する」「厳粛に受け止めて」などの言葉を聞いたことはありませんか。こうした言葉は文章としては最悪で、なにも伝えていないことと同じです。

【お役所言葉の例】		【真意】
「前向きに検討する」	↓	結局はなにもしないこと。
「対応を協議する」	↓	先延ばしにすること。
「可及的速やかに対処する」	↓	結局はなにもしないこと。
「全力を挙げて対応する」	↓	普通に対応するよう検討する。
「厳粛に受け止めて」	↓	ほとぼりが冷めるのを待つ。

「本件につきましては前向きに検討したいと思います」「本件についての対応を協議します」は、なにかを伝えているようでなにも伝えられていない典型になります。ビジネス文書で、お役所言葉が連続すると、なにを言いたいのかがわからない文章になります。

このような文章は、誰が読んでも同じ理解ができる言葉に置き換えなければいけません。具体的には、その言葉がなにを意味するのか明確化することです。「前向き」とはなにを基準にして判断するのか、「対応を協議する」とは具体的になにを話し合うのか、明確にするといいでしょう。

たとえば、「本件につきましては前向きに検討したいと思います」であれば、「本企画については導入の検討をしており1週間以内に結論を出します」と具体的な日時をいれたらわかりやすくなります。

また、「本件についての対応を協議します」であれば、「現在、商品の1割に欠品が生じていますが2日以内に平常に戻る予定です」などと明確化すればわかりやすくなるでしょう。

広義の言葉を細分化して具体的に落とし込むことができれば、誰が読んでも誤解のない文章になります。まずは、自分の文章を見直してみましょう。

お役所言葉は反発を招く恐れがあるので注意しよう！

第4章

「説得力」を高める技術

39

「なに」ではなく「なぜ」が重要

あなたは今、車を欲しいと思っているとします。
そのとき、次のような紹介文を読んでどのように思いますか？

このたび開発した新型車は、全長4・61メートル、全幅1・73メートル、全高1・35メートルです。ホイールベースは2・75メートルでスポーティ、小回りも利きます。しかも、低燃費、高級レザーシートです。

これではなかなか響きませんよね。

Mac、iPad、iPhoneで有名なアップル社があります。PR方法に特徴があり、必ず「WHY」（なぜ）を明確にします。たとえば次のような文章です。

「私達は世界を変えられると信じています。そして常に既成のものと違う考え方をします。世界を変えるために、美しくデザインされ、誰にとっても使いやすいプロダクトを届けられるよう努力しつづけ、このコンピュータを作り上げたのです。いかがですか？」
（『ＷＨＹから始めよ！』、サイモン・シネック）

これは、サイモン・シネックが提唱したゴールデンサークル理論というものですが、アップルの「ＷＨＹ」（なぜ）は多くの人の感情を揺さぶり共感を呼びます。アップルの製品が世界中で成功を収めている原因が「ＷＨＹ」（なぜ）だと分析しています。

「なにを」から始めるのではなく、「なぜ」から始めて、「どのように」「なにを」の順番で展開することで人をひきつけます。

「なぜ、この商品を作ったのか？」「なぜ、あなたの役に立つのか？」というように、「なぜ（ミッション）」をキャッチにすることで相手の心をつかむことができるのです。

アップル社のＰＲ文を参考にしてみよう！

40 あいまいさを排除する

会話だとよくわかるのに、文章（メールなど）になると、まったく伝わらなくなる人がいます。共通するのは、文章が「あいまい」であることです。

プライベートな場面ではともかく、ビジネス文書では「あいまい」さを排除しなければいけません。とくに、形容詞はつかい方によってかなり「あいまい」な表現になってしまうので注意が必要です。

たとえば、次のような表現です。

「すぐに」「人気があり」「美しい」「かわいい」「甘い」「若々しい」「優しい」などの形容詞のオンパレードは抽象的で具体性が感じられません。

あなたが上司で部下に業務指示のメールをしたとき、「すぐに用意します」と返信がきたらどのように思いますか。営業会議で売上の確認しているとき、「人気があるようです」と報告されたらどのように思いますか？

人によってとらえ方が異なる言葉は、ビジネスの場面では好ましくありません。誰が読んでも誤解がない文章に変えていく必要があります。

「すぐに用意します」　↓「明日の午前10時には用意します」
「人気があるようです」↓「予定の10倍の申込みがあり即日完売でした」

このような具体的な数字に置き換えて、誰が読んでも同じ理解ができる文章にします。数値に置き換えることで認識の相違を防ぐことができます。しかし、なかには数値化することが難しいものがあります。次の文章を読んでみてください。

「企画書を（色っぽく）セットしてください」

これは、コンサルティング会社に勤務していた際の上司の口ぐせでした。「色っぽく」

は、「艶っぽく」「カッコよく」という意味になります。これではおそらく、一般の人に話しても意味が通じないでしょう。次のように説明すればわかりやすくなります。

「資料の上部1／5くらいのスペースに、スライドで伝えたいリード（文字）を3行程度で入れるようにしてください。残りの、4／5のスペースにスライドのチャートやグラフを入れます。基本は、スライド1枚につき1テイスト。複数の要素がゴチャゴチャにならないように気をつけてください。スライドのベースは白、文字は黒、3色以上は使わないでください。見た目はシンプルでスマートにお願いします」

このように、動作を表現すると伝わりやすくなります。**表現を数値化して具体化させる、もしくは、動作を再現することで「あいまいさ」がなくなります。**読む人がその動作を再現できることを意識するといいでしょう。

形容詞を使用せずに具体的な数値を盛り込む！

41

根拠を示して強く言い切る

文章を書く際には、「客観性」「明瞭さ」が求められます。視点がかたよりすぎていたり、極端にわいきょくしたものは好ましくありません。
次のケースは、筆者が書いたBLOGOSという媒体に掲載された記事です。当時の就活を厳しく論考した記事でかなり話題になりました。

【例】

「企業の採用と学生の就活」の双方にたずさわった私の経験から言うと、学生が自己分析することに力を注いでも、就活でほとんど意味がありません。
学生が真剣に取り組んだ自己分析が、ほかの学生と一線を画するほどのオリジナリティにあふれていることはまずないからです。有名な大会で成果を残しているなど、誰もが実績として認めて数値化できるようなものでない限り、企業にとって学生の経験や実績は魅力的ではないのです。

就職情報サイトは、企業が掲載料を支払って登録し、その対価として学生を自社にエントリーするように誘導するサービスです。企業の実態を伝えることや、学生が欲している情報を伝えることを目的としているわけではありません。

エントリーシートは業種別に数バージョンを用意して、基本は企業名を変えるだけで使用可能なコピペエントリーシートで充分です。私が、多くの就活講座やセミナーで「就活のエントリーシートはコピペで充分」と訴えるのにはこのような理由があるからです。

この文章で私は、次のような意図をもって書きました。

たとえば、事業で成功して社会的に地位のある人でも、自己分析ができていない人はいます。自分の軸がない人もいます。それ自体は悪いことではありません。

軸を持たずに、自分のやりたいことや思考を目まぐるしく変化させるのは、世相や時代環境に合わせて変化していく柔軟な思考力を持っているということです。

就活の限られた大事な時間を自己分析に費やすよりも、他にやるべき大切なことに費やすほうが賢明です。

また、私はけっしてコピペを推奨しているわけではありません。エントリーシートのように手間がかかって、読まれないものに時間をかける必要がないことをうったえています。

結果的に、この記事は学生や企業の人事担当者が読むことを想定しました。

強く言い切ることで話題になった例として紹介します。

客観性と明瞭さを盛り込むと一層迫力が増す！

42 反論にはデータを効果的に活用せよ

次はデータを効果的に活用した事例です。この記事は、大学生の学力低下を唱えるオピニオンに対しての反論です。私が実際に調査をしたところ、上位の学生の偏差値は、いまも20年前も変わらないことが明らかになりました。

大学の入学定員が変化しないで少子化が進んでいる以上、どの大学においても学力が低下したと感じるのは当然であることを、文科省や厚労省のデータを交えて論考しています。

【例】

1990年、18歳人口は約200万人でした。その中で大学に進学するのは35％（約70万人）いました。いまの18歳人口は120万人で、1990年と比較して約6割に減少しています。しかし進学率は、58.7％（約70万人強）に増加しており、さらに大学数、学生数ともに増加傾向にあります。
18歳の受験生の学力レベルは、1990年と2010年を比較してそれほど変化はありません。大学の入学定員が変化しないで少子化が進んでいる以上、どの大学においても学力が低下したと感じるのは当然です。学力が低下して見えるのは、少子化に連動して大学の数や定員が減っていないからです。1990年と2010年を対比させても低下しているとはいえません。

2000年のはじめ、日本では子供の学力低下が問題視されました。文部科学省は「学力低下」の原因とされた「ゆとり教育」からの政策転換をおこない、新学習指導要領が実施されるにいたっています。

また、「学生の質が低下している」という話をよく聞きます。学生の質の定義をどのようにとらえるかですが「学力」という観点で見るなら学生の学力は低下しているわけではありませんでした。

偏差値については、1990年と2010年を比較すると、偏差値が低くなるほど

１９９０年と比較してギャップが大きくなり下がっています。
これは、少子化により18歳人口が減ったにも関らず、大学進学率は高まり大学の数も増えた結果、１９９０年当時であれば大学進学をしなかった層が大学に進学していることが要因です。さらに、学生の学力低下の根拠として指摘されている、ＰＩＳＡ調査の問題点も指摘しました。

このようなデータや分析結果を交えた論考は説得力があります。さらに反論するには、根拠のあるエビデンスを用意しなければいけなくなるからです。

エビデンスとして評価できる上質な情報（公的機関、シンクタンクなど）のデータを活用し、自分の意見を明確に主張することで重みが増してきます。

反論をする際には上質な情報を活用しよう！

43 くり返すことで説得力が高まる

「単純接触効果」という認知心理学の理論があります。これは、「人はくり返し接触することで好感度が増していく」というもので、法則を導き出したザイアンス博士の名前をとって、「ザイアンスの法則」ともいわれています。

ＣＭの文章やキーワード、単語には「ザイアンスの法則」が応用されています。同じ時間帯、タイミング、番組との関連性を持たせるためです。同じＣＭやキーワードにくり返し接触することで、視聴者はＣＭに好感をもち、キャラクターやキーワードに対して関心を持つようになります。

２００３年に消費者金融のアイフルは、自社のＣＭにロングコート・チワワの「くぅ～ちゃん」を登場させました。ＣＭ総合研究所調べでは、テレビＣＭタレント・キャラクターの好感度ランキング総合10位、オリジナルキャラクター部門では2位に入るなど、チワワの一大ブームを巻き起こします。

最近では、ソフトバンクのキャラクターでつかわれている「白戸家」があげられます。「なんで犬が言葉を話すんだ」との声もありますが、いまでは、憎めないキャラクターとして定着しています。

くり返すことの効果は他の事例でもあげられます。社会心理学者のウィルソンが民事裁判において陪審員に対して行う「被告は無罪である」という主張の回数と判決との因果関係を調べました。「被告は無罪である」と主張しなかった場合と比較して、3回くり返した際には46％、10回くり返した際には82％説得力が向上するという事が判明したのです。

これは、ビジネス文書にも応用することができます。

筆者が「最も伝えたい主張」をくり返し主張することで、読者は、自然に「その主張」を受け入れやすくなるからです。

ビジネス文書では、一番最初に「最も伝えたい主張」を設定するのが基本です。結論から文章を書けば、ひとつの文章の中で、何回も読ませることが可能です。最初に設定した「最も伝えたい主張」を、他の部分でも提示することで、「単純接触効果」につながるわけです

【例1】

「営業部の人員を増加すべきである」。まず、現在の業績は堅調であり、大きな利益をもたらしている。マーケットは拡大し、円安効果もありチャンスと考えられる。ただちに「営業部の人員を増加すべきである」。経営企画部は、営業人員の適正化を検証すべきと主張する。競合のS社は前年比2倍の営業マンを確保している。N社も連日のように求人募集の広告を打ちインターンをつかい積極的な採用活動をおこなっている。当社も「営業部の人員を増加すべきである」。

【例2】

現在の業績は堅調であり、大きな利益をもたらしている。マーケットは拡大し、円安効果もありチャンスと考えられる。経営企画部は、営業人員の適正化を検証すべきと主張する。競合のS社は前年比2倍の営業マンを確保している。N社も連日のように求人募集の広告を打ちインターンをつかい積極的な採用活動をおこなっている。当社も「営業部の人員を増加すべきである」。

例1と例2を比較して、どちらの主張の説得力が強く感じますか。あきらかに、例1ではないかと思います。

結論を強調することで、一貫した「文章」になり、説得力が高まるのです。

結論をくり返し強調することで説得力が高まる!

44

語彙力をスマートにつかいこなそう

最近、語彙力が注目されています。「大人にふさわしい語彙力を身につけたい」という強いニーズがあるようです。

たとえば、取引先に迷惑をかけてしまい、相手が憤慨しているなら、普段よりは丁寧な言葉をつかって謝罪する必要があります。状況を俯瞰しながら言葉をつかい分けるスキルが必要です。

いま、無理な仕事を頼んでくる相手がいると想定します。この相手に釘を刺すにはどうすればいいでしょうか。

付き合いもあるので、今回だけはやむを得ず引き受けるとします。しかし相手には、それを当たり前のように思って欲しくない場合、どのようなメッセージを発信すればいいでしょうか。

わかりやすく、社内と、社外のケースで説明します。

社内であれば、同僚や付き合いの長い仕事相手、知人が想定されるでしょう。社外は取引先が想定されますから、必然的に難易度は高くなります。

【社内】
相手：同僚や付き合いの長い仕事相手、知人
回答：今回だけですからね。

今回は引き受ける、その「は」の部分を強調する言い方です。つけ込んできそうな人には、さらに「今回だけだとお約束いただけますね？」と詰め寄ります。

【社外】
相手：上司や取引先に
回答：次回以降はお引き受けしかねます。
すみませんが、このようなことは今回限りでお願いしたく存じます。

「～しかねる」（～できない、のあらたまった言い方）をつかって、毅然とした意志を示します。
「今回、対応いたしますのは、あくまで特例であることをご理解ください」と念を押しておくと、さらに効果的です
また、「このようなこと」とすることで表現を和らげています。「今回限り」で、「次回はない」ことを明確に伝えています。

語彙力を高めるだけで仕事ができるように見えてくる！

第5章

「好感度」を高める技術

45 類似表現は一般的な言葉を使用する

文章は、文法や言葉が正解でも、読まれるわけではありません。たとえば次のような文章があったとします。どちらが正しいでしょうか。

① 企画書の簡単な書き方
② 簡単な企画書の書き方

どちらの表現でも間違ってはいません。しかし文法を考えた場合は、「①企画書の簡単な書き方」のほうが正しいといえます。形容詞は、目的である「書き方」のそばに置くのがルールだからです。記事などのタイトルとして考えた場合でも、「企画書」という際立った単語が最初に来ているので、①が正解になります。

ほかには、ＷＥＢ検索のデータを見る方法があります。検索数が多いほうを採用するのです。「企画書」と同じ種類の言葉として「提案書」「プレゼン資料」があります。

企画書とは、主に新規プロジェクトなどのアイデアを実現するために、わかりやすくまとめた文書のことです。提案書は、取引先や社内に対しての企画やアイデア、意見をまとめた文書のことを指します。企画書が、新規プロジェクトやアイデアに比重が掛かっているのに対して、提案書は範囲が広くなります。プレゼン資料は、パソコンなどを使用して見せる、スライドのことです。

本書の執筆時点では、企画書（１億７７００万件）、提案書（１億３３００万件）、プレゼン資料（１０４０万件）なので、「企画書」のほうが一般的に使用されている単語ということになります。

迷った際には、どちらが一般的に使用されている言葉か調べることが大切です。原則的には件数が多いほうを使用してください。また、数が同程度の場合は、文章全体のイメージや、執筆者自身の感性で選択してください。

同じ意味の表現なら、使用頻度が高い言葉を使用しよう！

46
聞きづらい話題に触れるには

皆さまにつぎのことを質問します。どう感じるでしょうか。

・いまはどのような仕事をしていますか?
・歳はいくつですか?
・彼氏(彼女)はいますか?

このような質問をされると、まるでプライバシーを侵害されているような不愉快な気分になります。もし、聞くのであれば表現を和らげた聞き方をしなければいけません。

次の文章を読んでみてください。

いまはどのような関係のお仕事をされているのですか？

仕事を特定しにくい程度の枠組みを聞くところからはじめるため「関係」という言葉をつかいます。そこから丁寧に深掘りをしていきましょう。

カラオケで好きな曲はありますか？

どんな曲を歌うかで、だいたいの年齢を想像することができます。年齢の話は難しいので触れないほうが無難です。

休日はどのようなことをされていますか？

休みの日のつかい方で、相手のプライベートの部分をイメージしやすくなります。そこから丁寧に会話をしていきましょう。

仕事は、相手に配慮をして特定しにくいことからアプローチをしなければいけません。年齢の話は難しいので触れないほうが無難ですが、どうしても聞きたいときには和らげて聞くことが大切です。

カラオケでどんな曲を歌うかで、だいたいの年齢を想定することができるはずです。

「彼氏（彼女）はいるのですか？」は、休みの日のつかい方で、相手のプライベートの部分をイメージすればいいでしょう。

直接的に聞くほうがわかりやすいという人もいますが、デリケートな話を文章でやりとりすることはリスクです。

直接ではなく、間接的にオブラートにつつみながら聞くことで表現のトーンを和らげることが可能になります。

とくに文章は会話とは異なり履歴に残ってしまうので注意が必要です。

デリケートな内容は遠まわしに聞こう！

47 親しみやすいキーワードをつかう

キーワードを効果的につかうと、思いが伝わりやすいことはよく知られています。

これは歴史が物語っています。アメリカのリンカーン大統領の「Government of the people, by the people, for the people」、キング牧師の「I have a dream」、オバマ大統領の「Yes, we can」などは、読者や聴衆の脳裏に刻まれやすい、短くインパクトのある言葉です。

さらに、質を高める方法が「相手との共通言語をみつける」ことです。

たとえば、政治家は方言を上手につかい分けるプロです。地元の会合では方言で親しみやすさを演出して聴衆との距離を詰めます。

自民党の小泉進次郎代議士は、方言をつかったスピーチが上手いといわれています。小泉代議士が全国各地で披露する定番の演出でもあり、方言のスピーチを聞いた途端に集まった数百名は、あっという間に小泉代議士のファンになってしまいます。

政治家は有権者の支持が得られなければ当選できません。そのためには親しみの演出は不可欠です。選挙区に入れば普段の平常時には標準語で会話をしていても、地元の言葉や方言を活用します。地元の方言や訛り（なまり）を頻繁につかいながら、地元出身であることをアピールすることからもその効果がうかがい知れます。

親しみやすさは、文章の大切なポイントです。短い言葉のくり返しで親しみやすさを演出しましょう。

短い言葉をくり返すことで記憶に残りやすくなる！

48

読者を刺激するミッションの役割

読む人は読みながら「背中を押して」欲しいと思っています。

たとえば、通販のカタログを見ていて「これが欲しいなあ」と思ったときに、同時に「勿体ないかな」と買わない理由を用意します。

買わない理由には「今じゃなくてもいいかな」「他のものでも代用できるはず」「似合わないかもしれない」など、いろいろな言い訳があります。

この言い訳から決断を引き出すために、「背中を押す」のです。

背中を押すキーワードはいくつかあります。

ひとつは**「今しかない」**という理由。「今日この場所でしか入手できません」「売り切れたら次回の入荷は未定です」というものです。

もうひとつは**「自分にご褒美」**という理由。「今日は頑張った自分へのご褒美に最高級のワインで贅沢します」などがあります。この２つは「背中を押す強烈な理由」になります。

理由を引き出すには、「今買うことの正当性」をつくることです。

「今日は暑いから〜」「プロ野球で巨人が勝ったから〜」「クリスマスだから〜」「お正月だから〜」など、自分本位の言い訳を用意してあげることです。

読者の言い訳を用意して背中を押せばファンになる！

49

メールの印象に気をくばる

あなたは初対面の人と会う際、満面の笑顔の人と、しかめっ面の人、どちらの人に好印象を持つでしょうか。答えるまでもないですね。

文章も同じように、満面の笑顔の文章は好印象を持たれますが、しかめっ面の文章は嫌悪感を与えます。

見た目とは、一般的には「身だしなみ」のことをさします。身だしなみとは容姿や見た目をよくしようとする心がけのこと。人は人の印象を見た目で判断するからです。

それでは、見た目がいい文章とはなんでしょうか。

それは、書き出し部分で好印象を与える文章のことです。

皆さまも、初対面の人と会う際に、相手の身なりがキッチリしていたら好印象を持ちますよね。

では、実際にどのように文章で好印象を与えればいいのでしょうか。

これは日常的につかう言葉を盛り込んでいくことでわかりやすい文章になります。「嬉しかったです」「感激しました」「驚きました」などの言葉を具体的に書き示すとわかりやすいと思います。

【例1】

このたびは、ご馳走になり有難うございました。
取りいそぎ御礼まで。

これだけでは少々物足りない感じがします。次のように修正したらどうでしょうか。
簡単な修正ですが気持ちが伝わりやすくなったはずです。これはシチュエーションを変えるだけで応用可能なテクニックです。

【例2】

このたびは、ご馳走になり有難うございました。

実は初めて、〇〇を食べました。生で食べられるものとは知りませんでしたので大変驚きました。

調理法もあんなに種類がたくさんあるなんて知りませんでした。

楽しい時間はあっという間に過ぎてしまいましたが、ぜひ、またの機会にお目にかかりたいと思います。

メールは見た目で印象が変わる!

50 相手に気に入られる文章のコツ

学生から就活の相談をされることがあります。よくされる質問が、「面接官が知りたいことってなんでしょうか?」というものです。私はそうした質問に「面接官が知りたいのは、なぜ当社に入りたいのか。そこを答えられるようにしておいてください」と答えます。

多くの学生は書籍やネット記事に書かれている「志望動機の書き方」を参考にするでしょう。

ところが、誰もが実績として認めて数値化できるようなものでない限り、他者と一線を画するほどのオリジナリティにあふれた志望動機は書くことはなかなかできるものではありません。

御社を応募した理由は〇〇〇です。私は〇〇〇だから応募にいたりました。

この〇〇〇に、応募した理由を書きますが、この〇〇〇で「会社（職種）に向いている」と思わせなくてはいけません。

たとえば出版の会社であれば、「読書が好きで小説をつくっている」、スポーツ用品の会社であれば「小さい頃から、マラソンや水泳が得意」などの理由があります。

応募するには理由があります。その理由は整合性があり、説得力があることが求められます。

この本で、何回か説明していますが、文章は読者にミートさせたほうが得策です。それは、志望動機を採用担当者が気に入るように書くことと同じです。

【例：出版の会社】

私は、昔から読書が好きでした。朝から本を読み始めて、気づいたら、夜までに2〜3冊読み終わっていたこともあります。読み終わった後には、ノートに要点を整理しています。

【例：スポーツ用品の会社】

私は、マラソンが趣味です。昨年、出場した〇〇マラソンでは、一般の部でしたが10位入賞、タイムは3時間半を切りました。このレースは人生観を変える大きな経験になりました。

このように書くと、読み手の興味をひくことがわかると思います。
相手に気に入られる文章になるよう心掛けるようにしましょう。

相手に気に入られる構成を意識しよう！

51 気持ちが伝わる書き方

いまは、ネットでいくらでも情報を収集できる時代です。このような時代には、誰もが知り得る情報ではなく、自分しか知らない情報に価値があります。先日、高校野球の地方大会の記事を見ました。「古豪復活ならず！」が見出しですが、「敗れた選手に涙は無かった。キャプテン以下、来年こそは甲子園に出場することを誓った」と書かれていました。試合経過やスコアは調べればすぐにわかることです。ですが、このような選手の様子は見た人でなければ書くことができません。その場で試合を見ていたという事実、つまり一次情報を持っていることで文章の価値が高まります。

ビジネス文書も同じです。アポイントや会食の御礼で、「とても参考になりました」「非常に勉強になりました」と書いていませんか？　これは気持ちのこもっていない書き方の典型です。まったく相手には伝わりません。

社内の打ち合わせの後なら「いままではスピード重視で考えてきましたが、一足飛びには上手になりませんね。基本が大切であるとつくづく勉強になりました。お忙しいところお時間をいただき感謝申し上げます」などと、一文くわえるだけで、文章としての伝わり方が変わってきます。相手も、「そこが役に立ったのか」「忙しいなか時間をとってよかったな」と思うことでしょう。

さらに、スピードの要素を加えることで効果が増幅します。講演やセミナーの際には、事前に文章を作成して終了と同時に講師に送信すれば、その場でメールが届きます。講師は「コメントがこんなに早く届くなんて」と驚くことでしょう。

自社を第一志望にしている学生がいたとします。学生が家に着いたら、特急便で内定通知が届いていたらどのように思うでしょうか。しかもどこがよかったのかが一文書かれていたら感動すると思いませんか。このようなフォーマットは毎回つかい回しでも構いません。あなただけのオリジナルの一文をのせて送ることができればいいのです。それだけで効果は倍増するはずです。

読者に伝わるのはリアリティ。事実の描写は迫力がある！

52

お祈りメールはこうすれば反感を買わない

就活生の間で「不採用通知」は、「お祈りメール」と呼ばれています。

通知文に、「選考の結果、貴意に添いかねる結果となりました。今後のご活躍をお祈り申し上げます」と書かれていることから、このように呼ばれています。

しかし、「お祈りメール」でネガティブな印象を与えてしまうことはお客さまを失うことと同じです。不採用でも自社のファンでいてもらう必要があります。

【例：通常の不採用通知】

○○様
先般は弊社の採用面接にお越しいただきありがとうございました。
慎重に選考を進めた結果、貴意に添いかねる結果となりました。
今後のご活躍をお祈り申し上げます。

これでは気遣いや感情的な温かさが感じられません。
しかし、数行を付け加えるだけで「不採用通知」は変化します。

【例：変化した不採用通知】

○○様
先般は弊社の採用面接にお越しいただきありがとうございました。
慎重に選考を進めた結果、貴意に添いかねる結果となりました。
今後のご活躍をお祈り申し上げます。

追伸
お知らせするまでに時間がかかり申し訳ございませんでした。
さまざまに熟慮しましたが力が及びませんでした。
今後のご活躍を心よりお祈り申し上げます。
担当：○○

不採用通知は、選考が進んだ段階のほうがショックを受けやすいもの。

追伸以下については、担当者の手書きにすることもベターです。

採用担当者は、会社を代表して「不採用通知」を送っていることを忘れてはいけません。

「お祈りメール」がなぜ反感を買うのか考えてみよう！

第6章

とっておきの「読ませる」技術

53

まずは出だしを工夫する

人の心を動かす文章が書きたいと思ったとしても、読者になにを伝えるのか、なにを伝えたいのかが明確でないと適切な文章をつくりあげることができません。

また伝える容量が多すぎても消化不良をおこします。それが、正しい内容であったとしても、読者に読んでもらえなければ意味をなしません。

前菜とメインディッシュを一気に持ってこられても、美味しく食べることはできないのと同じような理屈です。

私は記事を書く場合、ワンテーマ２０００文字程度に抑えています。多くても２５００文字を超すことはありません。逆に短い場合は８００文字程度に抑えてしまいます。

いたずらに文章が長すぎると焦点がボケてしまい、なにを言いたいかわからなくなるからです。

それでは、筆者の記事のケースをご紹介します。

【例】

〈シュプリームでアルマンドなあなたへ〉

カードは所詮カードであること。クレジットカードは「ライフスタイルにマッチしたものを所持することが望ましい」と結んだ。今回は、さらに、「シュプリームおじさん」「アルマンドおじさん」のようにならないように！と申し上げておきたい。

シュプリームで武装し、アルマンドを抜いて、ブラックカードで支払いをすると、今迄とは違う世界が待っていると思っているアナタ。痛そうに見えるか否かは相手次第だが、自らを客観視してもらいたい。おじさんであることを受け入れられず、心はまだまだ20代みたいな人は少なくないが、若者から見て「痛いおじさん」が多いことは事実。流行についていこうと必死だが、イマイチ外している。

これは、ブラックカードに関する記事を書いた際の、イントロダクションになります。

筆者は、最初に「おっ」「なんだ」みたいな単語を散りばめながら、つづけて読ませるように誘導します。

たとえば、「おじさんのＳＮＳはかっこ悪い」でも意味は同じですが、それでは平凡すぎて読んでもらえません。

このケースでは、〈シュプリームでアルマンドなあなたへ〉という見出しをつけながら、テンポよく読ませるように構成しているのがわかるでしょうか。

導入部分で読ませる工夫をしよう！

読者は知りたいと思うことがたくさんあります。

そして、知りえた情報の満足度が高ければ、その情報は拡散していきます。

読者は最初にタイトルや出だしを読んで「読むべき価値があるか」を判断します。

そして導入部分を読んで「この程度の情報が得られるに違いない」という確信を持たせなければいけません。

54

読まれる文章はタイトルの目的が明確

たくさんの文章の中から、読者はなにを基準に読む文章をえらぶのでしょうか。大きな役割を果たすのが「タイトル」です。タイトルは、文章を読みやすくする「看板」の役割をはたします。読む人にとっては読むための判断材料になるので、一目でわかるようにしておかなければいけません。

内容について知らない人のためにも、タイトルで興味をもたせて本文を読ませる必要があります。それでも、伝わらないタイトルで必死に説明している人を見かけますが、これでは伝わりません。

文章のすべてのアプローチは、自分目線ではなく「読む人目線」でなければいけません。

自分目線とは「自分が伝えたいこと」、読む人目線とは「**相手が知りたいこと**」です。

ただし、文章というのは思ったより読んではくれませんし、気にもかけてもらえません。

このことを充分に理解したうえでタイトルを考えなければいけません。

「タイトル詐欺」という言葉があります。「タイトルと内容にギャップがある」という意味で使用しますが、盛りすぎたタイトルは好ましくありません。読む人も理解しているので、情報をすべて鵜呑みにはしません。膨らませるのではなく、伝えたいことの「価値」や「本質」を理解したうえで、読みやすいように表現することが大切です。

なお、筆者がタイトルをつける際に気をつけているのは、読者の「なに？」をタイトルに入れることです。

【例1】

社内で、バタバタと忙しくしている人がいますよね。これを記事にしようと思って、

・なぜあなたの仕事は社内で忙しくなるのか

・社内で忙しい人の心理とは

このようなタイトルをつけてもインパクトがありません。筆者は次のようにしました。

▼アナタの近くにいる「仕事が忙しいオレ」ってどんなオレ?

【例2】

コンビニ利用はお金がもったいないと言いますよね。

・コンビニを利用しているとお金が貯まらない

・コンビニ利用はもったいない

やはり、これではインパクトがありません。筆者は次のようにしました。

▼コンビニで損せずに得する方法とは!これでお金が増える?

【例3】

次は、目標を諦めてはいけないことを伝える際の記事になります。

・目標を一度立てたら諦めてはいけない

・目標に向かって行動することが大切
やはり、これではインパクトがありません。筆者は次のようにしました。

▼BOSS缶が飲みたいのに売ってない！ アナタはどうする？

例3では、状況や場面に応じて、臨機応変な対応が望ましいことを伝えています。意味は伝わりましたか。

BOSSの缶コーヒーが飲みたいと思って自販機を見たけど売っていない。他のコーヒなら売っている。このときに、目標設定を変更して、他の缶コーヒーにするのか、BOSS缶を探しにいくのか。あなたはどうしますか。

タイトルは釣りすぎず、平凡過ぎず！

55
超バズった記事のタイトル

私が投稿してアクセスがよかった例に次の記事（２０１７年11月投稿）のタイトルで、「電車内で化粧をしてはいけない？ 公私混同を理解できない不思議」というものがあります。当時、東急電鉄の車内のマナー向上を目的とした広告がネット上で議論を巻き起こしていました。間違っている理由を、仏教の教えなどからわかりやすく説いてもらい、記事にしたもので、話題になっていた時事問題にミートさせたことから大きな反響をよびました。この記事は、Yahoo!ニュースでもアクセスランキング1位を獲得しています。私は、シンプルかつ簡潔に説明をしました。

（本文より）

公私の区別がつかないことを「公私混同」という。電車の中は公共の場であり、ものを食べると公において私事をやっていることになる。これは恥ずべきことである。

ついでに言えば、若い女性が電車の中でにらめっこしながら、熱心に化粧をする姿をよく見かける。これがみっともないのは、化粧という「舞台裏」を見せることに恥じらいがないことと公の場において私事をしているからである。なぜ駅のトイレを「化粧室」と称するのか？ そのことを考えてもらいたい。それぞれの場所には、守らなければならないことがある。公私に関する問題は非常に大切なので、そのことを理解しなければいけない。

私はこの記事で「公私混同」の意味を中心に解説をしました。さらには、駅のトイレのことをなぜ「化粧室」とよぶのかなど、その意味を問いました。

私の投稿以降、この議論は公私混同の方向性に収束したように思います。事実、多くのコメンテーターが、私が書いた内容とまったく同じようなコメントを発していました。それなりに影響力はあったのではないかと確信しています。

このケースのように話題になった事柄になんらかの意見を論じる際には、自分なりに全体を俯瞰して、仮説の仮説を立てて、かなり深いところまで考察できると文章により深みが出てきます。

仮説とは、その時点で考えられる仮説（仮の結論）を置いて考えることです。

仮説の仮説とは、仮説（仮の結論）を2階層程度掘り下げることです。

このケースであれば、電車内で化粧をしてはいけない理由について結論を2階層掘り下げることです。まずは実行してみましょう。

仮説（仮の結論）の導き出し方で文章の深みが変わる！

56 抑揚をつけるならシンデレラを参考に

人は文章を読む際に、自分のメガネに投影させます。メガネとは人の価値観ですが、せっかくなら多くの人に共通するメガネのほうが効果的です。それだけ読者にミートしやすくなるからです。

私は、平坦な文章よりも適度に抑揚がある文章を書くように心がけています。

たとえば、『しくじり先生 俺みたいになるな‼』は、テレビ朝日系列で放送されている人気の高い教養バラエティ番組です。

この番組に出演する人の人生には必ず抑揚があります。順風満帆な人は1人もいません。「上げて、下げて、再び上がる」という流れをつくることで、共感をよんでいるのです。

文章も同じです。一本調子に書き進めても読者は飽きてしまいます。そんなときには、山や谷をつくることで抑揚をつけてみるといいでしょう。

次に紹介するのは、ディズニーキャラクターのシンデレラをモチーフにした記事です。

読者が興味を持ちやすいように描写しているのですがわかりますか。

実はシンデレラは戦略家である。それもかなり高レベルだ。世間では、悲劇のヒロインからハッピーエンドになったと思われているがしたたかである。なぜ、着用していたドレス、カボチャ型の馬車は、魔法が解けた瞬間になくなるのに、片方のガラスの靴はそのままだったのだろうか。事前に、魔女と取引をしていたのではないかという疑念がわいてくる。

魔女も「たかだか片方のガラス靴くらい良いだろう」と思ったのかも知れない。ところが、シンデレラはさらに上をいく。魔法が解けないことを承知のうえで、王子に拾わせたからだ。しかも、舞踏会1回のダンスで、王子をぞっこんにさせるわけだから、かなりのテクニシャンである。どんな特訓をつんだのだろうか。

ビジネスにたずさわる誰しもが、自分の夢を実現するために、女性はシンデレラストーリーを手に入れたいと思い、男性は王子になることを望む。しかし、シンデレラになる女性、王子になる男性は、はじめから資格や資質、環境があったわけではない。望むものを手にするためには戦略的に行動しなければいけないことを、この物語は示唆している。


あたり前のように知られているシンデレラのエピソードであっても、このように抑揚をつけることで印象がかわります。

映画、ドラマ、小説なども山あり谷ありのエピソードのほうが共感されます。

文章にも同じように、抑揚をつけることで同じ共感を得ることができるのです。

抑揚を上手につけて共感を得よう！

57

臨場感を高める方法

擬音語、擬態語というものをご存じでしょうか。これは副詞に含まれる単語です。
まず擬音語を紹介します。

ブーブー　（豚の鳴き声）
ドクドク　（心臓の鼓動）
ガチャン　（ガラスの割れる音）
ゴロゴロ　（雷）
ガタンゴトン　（電車）
パチパチ　（拍手）
チャリーン　（鈴）
ドカン　（爆発音）
ズズー　（ラーメンを啜る音）

次に擬態語です。擬音語とは異なり実際には音を出さないものです。
たとえば、状態や感情などの音を文字にしたものです。擬態語は他の言語ではあまり例がなく、その多さは日本語の特徴です。

バラバラ　（散らばっている様子）
メラメラ　（好きな感情の様子）
モクモク　（煙が立ち上がる様子）
キラキラ　（輝いている様子）
ギラギラ　（強烈に輝いている様子）
ピカピカ　（新しさや綺麗な様子）
たっぷり　（豊かな様子）
きゅん　（感情の様子）
じーん　（感情の様子）
ムラムラ　（感情の様子）

これらの、擬音語、擬態語は臨場感・躍動感を演出するにはもってこいです。紹介した以外にも多くの言葉がありますが、いずれも読者に深い印象を与えることができます。

次の文章を上と下で比較してください。

・梅雨にはいった。 ↓ ・梅雨にはいった。ゴロゴロと雷の音がする。

・新しく車を買った。 ↓ ・新しく車を買った。ピカピカだ。

どちらに臨場感があるでしょうか。

上の文は紋切り型の決まりきった定型文です。一般的ですが個性に乏しい表現ともいえます。

同じ状況を文章にしているにも関わらず、下の文章のほうが描写にリアリティがあって風景が目に浮かびませんか。

ただし、多用しすぎると、文章が子どもっぽくなるので注意してください。

擬音語、擬態語をつかって臨場感を高めよう！

58

世の中とは反対の視点を重視する

これは、「24時間テレビ」のチャリティー活動を論考した記事です。毎年、物議をかもしますが、私自身の経験や活動を踏まえたうえで論考しました。結果的にかなりの反響をよぶことになり、シリーズ化にして5回ほど投稿しています。

【例】

障害者や家族は世の中の偏見に苦しんでいる。偏見を無くすためには、一般的にも広く障害のことを知らしめなければいけない。そして啓蒙と理解が進むことを期待している。

テレビへの出演にあたっては、相当な葛藤があったことが予想される。障害者は、日々、好奇の目に晒されている。だから、押し付け、お涙ちょうだい、見世物などと評するのは、失礼極まりなく大きなお世話なのである。

昨年、ハフィントンポストに掲載されたダウン症の娘をもつ、キャロライン氏のメッセージに注目が集まった。「これが私の娘、ルイーズです。娘は生後4か月で、2本の腕、2本の足、2つの素晴らしいふっくらした頬、そして1つの余分な染色体があります」。キャロライン氏は「ダウン症」の子を可哀想だと決めつけることで、多くのダウン症を持つ親が苦しんでいるのだと訴えた。

このような論考は、一般の人はあまりやらないと思いますが、世の中とは逆張りの視点を重視することの事例として紹介しました。

議論の方向性は「番組は正しい」「番組は間違っている」、という2つの論点に終始しましたが、私はあえて、「番組は正しい」「番組は間違っている」という問題ではないことを問いかけました。

「皆さんはなんらかの活動をしたことがあるのですか」と問い、もし活動の経験すらないなら「論じる資格すらありません」とまで言い切りました。

結果的に、賛否を含めて大きな反響がありました。

自分の中で「自信のある根拠を用意しておく」ことは、説得力につながります。

さらに、多くの人にメッセージが届くことで自信にもつながるはずです。

多くの人と反対の主張をするとインパクトが増す

59 解釈を大きく変えることでニュースになる

あなたが、ニュース記事などを書く立場になったときには、気をつけなければいけないことがあります。

それは、**可視化できないものは掲載できない**、ということです。

つまり、スピリチュアル、占いなど、人によって解釈が異なるものは掲載できないのです。

でも、どうしても載せたいネタがあったとします。こういうとき、あなたはどうすればいいでしょうか。

スピリチュアル、占いなどは、ひとりよがりで自己主張に満ちあふれていることが少なくありません。もし、このようなテーマを取り上げるなら、表現を大幅に変えなくてはいけません。

次の文を読んでみてください。

【例1】

黄色が金運を呼ぶ色であることはよく知られています。お金持ちになりたければ財布や持ち物は黄色で統一すべきです。間違いなく運気が向上するはずです。中国や台湾でも黄色はお金を象徴する色として知られています。このような風水の考え方は長い歴史の中で蓄積されてきた、幸せになるための教訓なのです。そして財布は長財布で10万円以上の高級なものを使ってください。あなたの金運はドンドンよくなって、ジャンジャンお金が貯まってくるようになります。

自己主張に満ちあふれていますね。主観のみで語られているため関心のない人には違和感を覚える文章になっています。客観性を持つ文章に書き換えると次のようになります。

【例2】

黄色が金運を呼ぶ色であることはよく知られています。

中国や台湾でも黄色はお金の象徴色ですが、黄色の財布に人気が集中するようなことにはなりません。色には確かに意味はありますが、人によっては黄色がアンラッキーカラーになることがあります。
風水とは「華僑の教え」です。風水は人生訓、生きていく上での哲学を表しています。長い歴史の中で蓄積されてきた教訓です。

このように書くと、すごく客観性が増したと思いませんか。
歴史観や、中国や台湾での考え方を紹介することで、グッと説得力が増してきます。
これならば歴史観のニュース記事として掲載することができます。

アンタッチャブルなネタでも料理の方法によっては掲載できる！

60 最後まで読ませる方法を確立しよう

筆者にとっての悩みどころ。それは文章を最後まで読んでもらうことです。最後まで読ませる「仕掛け」を取り入れている人は多いでしょう。

たとえば「キャンペーン」の告知があると読まれやすくなります。文章をスクロールしながら「詳細は最後に」「特典は最後に」とアナウンスされていると最後まで読んでしまいます。テレビ番組の視聴者プレゼントと同じ理論ですが効果はあります。

最近多いのが、文章の横（サイドバー）や、HTMLメールの横に、星占いやおみくじがあるものです。結果を知るには文章を読み進めなくてはいけませんから効果的です。

ほかにも、「編集後記」をつけるやり方もあります。映画のＰＲ文章であれば、あらすじ以外に「裏話」「失敗話」「ＮＧシーン」などのストーリーを掲載することで、共感力を高めることが可能です。

私のように、記事を読ませることが目的の場合、ブログや、メルマガ、Facebookで紹介する際には、最初の100文字程度しか見せません。

「この続きはアゴラにて！ http://agora ～」とリンク先を明記して閉じてしまいます。

冒頭の100文字に要点をまとめておけば、読みたい人を誘導できます。

最近のWEB新聞は「会員登録することで月3本まで読める」「冒頭部分を読める」などの仕掛けをしていますが同じ理屈です。


一方的な情報発信からは、読者とのコミュニケーションが生まれにくいので、筆者の個性を表現した仕掛けが大切です。

まずは、筆者の人となりがわかるようなコンテンツを用意してみてはいかがでしょうか。

最後まで読ませ仕掛けを盛り込もう！

61 最初に結論（結論ファースト）の効果

ビジネス文書の場合、「最初に結論を書く」ことがマナーとされています。会話をしていて、なんの話かわからなかったり、意味が通じないと聞く側はストレスを感じます。文章も同じです。

要点がわからない内容をだらだら続けてもまったく伝わりません。そうならないためにも、結論から書くことが望ましいとする意見が多数です。

これには2つの理由があると考えられます。

1つ目の理由としては、読者への配慮があります。

読者は時間をかけて文章を読みます。相手の有益な時間を奪っていることになりますから、要点をシンプルに伝えなければいけません。一番伝えたいことを最初に読ませることで読者は丁寧に読むべきかどうか判断しやすくなります。短時間で文章を理解しますので、忙しい人にも読んでもらえる可能性も高くなります。

2つ目の理由が正確性です。

結論から伝えることで、筆者の意図や目的を理解してもらえる可能性が高まります。文章の概要をつかめ、後にある説明を飲み込みやすくなるからです。

長々と続けられると、なにを伝えたいのか相手には伝わりません。正確に伝えるためにも無駄をなくして結論から伝えることが大切です。

結論から伝える際は、伝えたい内容をシンプルにします。たくさんのことを伝えようとしても、読者には伝わりません。そのため、なにについて書いているのか「タイトル」が大きな意味を持ちます。タイトルがあれば、読者は読み始めてからそれがなんの話なのかを考える必要がなくなるからです。

結論ファーストは主張を「強調」できる！

前述したように、**結論ファーストにすることで、筆者が「最も伝えたい主張」をくり返し主張することができます。**結論から文章を書けば、ひとつの文章の中で、何回も読ませることが可能です。読者は、自然に「その主張」を受け入れやすくなる効果があります。

62
最後に結論（結論ラスト）の効果

日本では、最後に結論を読ませる書き方が一般的です。映画、ドラマ、小説のクライマックスは最後です。学術論文や研究発表資料も構成は同じです。

結論ラストの文章は、データや理論等を提示し、その先にある結論を導き出していきます。読者を興味を誘う方法なので、最後まで読んでもらえるなら、「結論ファースト」よりも理解が深まります。

この文章は、読者がすでに関心を持っていたり、商品やサービス内容について知識がある場合に適しています。このときに「結論ファースト」をつかうと、読者はいきなり結論を求められている（押し付けられている）錯覚におちいります。

その結果、読者が不快感を感じると、そこで読むことを断念し心を閉じてしまいます。

少しずつ知識を深める「結論ラスト」のほうが、丁寧な方法と考えることができるでしょう。

「結論ラスト」が比較的万能型であるのに対して、「結論ファースト」に適さない場面が多いことも覚えてください。

たとえば冠婚葬祭等の儀式的な場面やシーンは、フォーマルな順序として理解されやすく、「結論ラスト」のほうが受け入れられやすいでしょう。

また、女性は共感力が男性よりも高いので、そのときの「感情」を実感できる、「結論ラスト」のほうがスムーズです。

あとはテクニカル要素ですが、結論が一般的である場合、「結論ラスト」がスムーズです。逆に一般的でない場合（たとえば、海がピンク色など）は、「結論ファースト」のほうがインパクトがあります。「そんなはずはないのでは」とビックリした人は、その理由を知りたがるでしょう。

結論ファーストが強すぎる場合は、結論ラストでゆるやかに！

第7章

とっておきの「伝える」技術

63

載せる媒体の性質を理解する

　ニュースサイトが個人の自己主張ばかりだったり、専門的すぎてわかりにくかったらどう思うでしょうか。

　読者の中には、ファン層や固定読者がいますが、ニュースサイトの記事はその人だけに向けたメッセージではありません。つねに多くの人が目にすることを意識しなければいけません。

　私がメインとして投稿しているのはオピニオンサイトです。

　国内有数のジャーナリスト、政治家、経営者などが執筆陣に名前をつらねています。記事の内容は執筆者が責任を負うので、転載先のサイトにも実名表記で投稿されます。記事は普段でも数万ＰＶ、多ければ、数百万ＰＶを獲得します。そのため、自分の立ち位置をよく考えたうえで文章を考えなくてはいけません。

　どれだけ話題性のあるネタであったとしても、サイトのコンセプトに当てはまっていなければ取り上げる対象とはなりません。

しかし、逆説的な考え方もできます。従来であれば日の目を見ることが難しかったようなネタに、ニュース性が見出せれば掲載も可能になるわけです。さらに、読者にとって、「ニュース性があり役に立つ情報」であれば申し分ありません。


記事にはオリジナリティが求められてきます。このときに、「ちゃんと読んでもらえれば伝わる」と考えるのは、執筆者のごう慢な考え方です。


読者はどのように記事を読むのでしょうか。

基本的になななめ読みで多くの記事に目を通すはずです。一言一句残さずに吸収しようとする読者はまずいません。忙しく時間のない読者が読むのは、通勤途中、昼休みなどスキマ時間に限定されます。

その読者に対して、「じっくり読んでもらいたい」と命令することはできません。意思決定はつねに読者にあります。

また「役に立つ」「勉強になる」と感じるのは読み終わってからです。

では、初期段階で興味を持ってもらうにはどうすればよいのでしょうか。

ところで、皆さまはショッピングをする際、なにを目印にお店を探しますか。概ねの場所は地図で確認すると思いますが、看板やお店のデザインニングなどで確認するはずです。そうなると、文章にとっての看板やデザインニングを意識させるものは2つしかありません。

1つは「タイトル」です。もう1つが写真(画像)です。この2つが存在することでフックにつながります。

タイトルがサマリーの役割を果たし、写真(画像)がイメージを増幅させるものでなければ読者は読もうとはしないでしょう。

ではここで、反響のあった記事をケースとして引用します。

2017年に投稿した記事でアクセスがよかった記事のタイトルに次のようなものがあります。

「歯科医に聞いた! 食べていると確実に死に近づく食べ物」

本記事では、別名「サイレントキラー」と呼ばれている歯周病の危険性を紹介し、歯周病によくない食べ物やメカニズムを紹介しました。歯周病は放っておけば確実に死に近づきます。学会のエビデンスを確認し充分な裏づけもありました。

結果的に、この記事は転載先のYahoo!ニュースで読まれて、アクセスランキングは総合1位。数日で数百万PVを獲得しました。

歯科医の仕事は歯を治療することです。歯が体の健康に大きな影響を及ぼすとはあまり考えないことでしょう。だからこそ、その意外性がフックになったと考えられます。

では、もし次のようなタイトルを付けていたらどうだったでしょうか。

「歯科医に聞く、歯周病に掛からない方法」

これだと、想像できるイメージは「歯科医が歯周病について説明した記事なんだろう」で終わってしまいます。読後の印象にも残らないでしょう。

さらに、現在の歯科医師会では、口腔の機能が全身の健康維持に影響を及ぼすことや、医療・福祉政策もこの方向性に大きく舵を切りつつあることを説明しました。

このことによって、タイトルに対する内容の整合性が担保できたのです。

載せる媒体の性質を理解しよう！

64 読む人にベネフィットを与える

いま、皆さまは筆者が書いた本を読んでいますね。

出版する方法はいくつかあり、「出版企画を編集者に売り込む」「出版コンペに参加する」「自費出版をする」などの方法があります。筆者も、出版企画を依頼されることがあります。

はじめての方は、企画書の書き方などわかりませんから、見よう見まねで書いていることがほとんどです。


このときに、筆者が見て、気になるエッジがなければボツです。

これは出版社も同じで、「いいネタ」だと思って持ち込んでも、同じ企画がすでに複数提出されていたり、売れる見込みが立てられないようなものは、ほぼボツになります。


売れる見込みとは、わかりやすく説明すると、「読者のベネフィットがあるかどうか」です。著者の強み、ニーズ、有力者のコネ、なども有利なポイントになりますが、一番大切なのは「読者のベネフィット」なのです。

ベネフィットをもう少しわかりやすく説明しましょう。

人の欲求（これ欲しい）を高めるには、**「すぐできる」「簡単」などのベネフィット**が必要になります。人は楽をしたい生き物なので「難しい」と思われてしまうと、ハードルが高く感じてしまいます。

これは過去に流行したキャッチコピーなどを見れば明らかです。

『レンジでチン』（クックパッド）、『ブレスダイエット』（3秒息を止めるだけ）などは有名です。

成果を獲得するには継続しなければいけませんが、努力の継続は大変です。

そのためにも、取り掛かるためのハードルが低いことをイメージさせたほうが読む人には響きます。

「今日からできる」「誰でもできる」などはハードルを下げるための効果的なベネフィットです。このようなハードルを下げるためのベネフィットは覚えておくとよいでしょう。

ほかにも、「〜を実現するには3つのポイントを抑えれば間違いない」「1日3分で実現可能な〇〇」などがあります。「東大脳」（東大に入れる脳を簡単に鍛える）、「ビリギャル」（学年ビリから有名大学に合格）、「医師だけが〜」（医師だけが知っている情報が簡単に手に入る）などがあります。

実際の再現性はさておき、このような表現は読む人に伝わりやすいのです。

読者のベネフィットを考えよう！

65

会話をしているように書く

無理にきれいに文章を書こうとする必要はないことはこれまでも述べました。きれいに書こうと意識が強まることで不要なこだわりが出てくる可能性があるからです。その意識が強くなりすぎると筆が進まなくなります。

このようなときには、会話をするように書くことをおすすめします。たとえば次のようなやり取りを読んでどのように思いますか。

【例】※あなた（部下）は定刻になり、帰り支度をしています。

上司　申し訳ないのだが、今からこの作業をお願いしてもいいかな。明日のプレゼンに持っていかなくてはいけないのでね。

部下　マジっすか。今日は予定がありますし今からでは難しいっすよ。

上司　お前の、パワーポイントのテクニックがあれば30分もあればつくれる資料だろう。

部下　30分では無理ですよ。これはかなり大変ですね。

上司　そこをどうにか頼む。この埋め合わせはするし業務上の評価にも反映させるから。

部下　評価の件はホントに頼みますよ。でも、仕方ないですね。これから予定を断るので少し待ってください。

たかだか、３００文字にも満たないやり取りですが、このように、会話をそのまま文章にすると非常にテンポよくわかりやすくなります。また、この会話の流れには多くの要件が含まれています。

①あなたは帰宅しようとしている
②上司が30分程度の残業を依頼した
③あなたは予定があることから一旦固辞する
④上司は、あなたがやるべき仕事ではないことを認めたうえで強く依頼している
⑤あなたは、30分程度では終わらないことを伝える

⑥上司は、埋め合わせと、評価に反映させることを約束する
⑦評価に念押ししたうえで、あなたは、残業を決意する

私たちは通常、会話でコミュニケーションをとっているので、会話調にすると伝わりやすいのです。これが、文章を会話にすると伝わりやすい理由です。

会話以外にも、テレビドラマのワンシーンを書き起こすのもよいでしょう。

会話にするテクニックは慣れが必要なので、どんどん書き起こしてください。必ず気づきがあるはずです。

会話調で書くと筆が進む！

66

「話をかみ砕く」とはどういう意味か

再三お伝えしているように、誰でもわかるくらいに平易にわかりやすく書くことが文章の鉄則です。これは会話などでも同じです。ところが、難しいことをやさしく伝えることは簡単ではありません。

話をかみ砕いて伝えられない人には、ある傾向が見受けられます。それは、話を根本的に理解していないか、または自らの知識を誇示したいような場合です。

難しい内容の話を簡単に理解させるには、どのように伝えるのがいいでしょうか。

次の例を読んでください。

【例】

デューデリジェンスを語るのであれば、企業の資産価値を適正に評価し、リスク査定も反映させながら、価値を判定すべきだ。

経済に詳しくないとわかりにくい内容ですね。これをかみ砕いてみます。

【例】修正後

会社がおこなう、不動産投資やM&Aの際の資産価値を評価する手続きのことを、デューデリジェンスといいます。企業の収益性やリスクなどを総合的に調査分析する作業が必要になります。

だいぶわかりやすくなりましたね。読む人にとって一度で理解できる内容には限界があります。あまりにも専門的にしすぎても伝えたい本質を理解させることはできません。前提となる知識のない相手に対して、くどくどと制度や仕組みについて説明をしても伝わらないので注意してください。

【例】

A社はB社の取締役や親会社の事前の同意を得ずして、既存の株主から株式を買い集めて買収を目論んでいる。A社は3分の1の株式を保有することで株主総会の特別決議を拒否し拒否権を発動することが可能になる。さらに、過半数を取得することで子会社化し、経営への支配力を高めることができる。しかし、商法の規定により、3分の1以上の株式を保有する場合、原則として、株式公開買い付け（TOB）によらなければならず、A社は主要な新聞やメディアで買収を事前に公表し公募するにいたった。

【例】修正後

A社はB社に対して、敵対的買収を試みた。

実は、この一文だけで説明が可能です。話をかみ砕いたわかりやすい事例です。

文章をかみ砕くと好感度がUPする！

67 難しい用語を理解させる

私がシンクタンクでマーケッターとして勤務しているときの話になります。シンクタンクのマーケッターは、あらゆる業界のマーケットレポートを書いています。しかし、実際には、20代のビジネスパーソンには難解で理解することが難しかったと思います。実際には30代以上の管理職以上や経営者を想定した内容になっていました。

マーケットレポートには、経済に関するビジネス用語がふんだんに盛り込まれています。筆者には事実を伝えることが求められるので、読みやすさは考えていません。おそらく、異なる業種の人が読んでも正しく内容を理解できないと思います。そのため、レポートの質を高めるのであれば、異なる業種の人が読んでも理解できるところまで修正する必要がありました。

私が幸運だったのは、議員秘書経験などを通じて、難解な役人の文章をわかりやすく平易にするトレーニングを積んでいたことです。たとえば電話がかかってきたときに、電話口では「政策（せいさく）」と聞こえます。「施策（せさく）」とも聞こえます。「明日は禁足（禁則？）です」「その件は知悉（地質？）していた」「いわんや（言わんや？）」。聞きなれない言葉がオンパレードです。数え切れない失敗をして、ようやく言葉を理解していきました。

特定の分野の専門家が、専門分野について説明する場合、うまくいかないことがあります。なぜなら、一般の人がどこに疑問を感じているか、なにがわからないのか、その世界にいる人は気づけないからです。専門家や研究者が書いた文章が難解になるのはそのためです。

読者の皆さまにも同じことがいえます。長く同じ業界にいる人、同じ会社に勤めている人、製造業の人、ＩＴ業界の人、それぞれに独自の言葉のつかい方があると思います。文章は相手の理解が得られなければ意味がありません。

難しい言葉は言い換えるように気をつけてください。

文章は相手に伝わらなければ意味（価値）がない！

68

文意がわからなくなったら細かく切る

最近、ビジネスパーソンや学生を対象にした文章指導をしていますが、長文を書くことを苦手としている学生が多いことに気がつきます。

次の文章を読んでください。

【例】

私は音楽が好きです。小学校のときからピアノを習っていて、腕前はプロ級です。小学校からやっているものでは他には水泳があり地区大会で入賞したこともあります。他の楽器ではバイオリンも好きで今でも続けていますが、中学校の吹奏楽部の大会で入賞したことはいい思い出です。ピアノ推薦で音大に進学しました。現在は、商社に就職し営業を担当しています。

かなり極端な例ですが、これではなにを言いたいのかがまったくわかりません。文章の中に色々な要素が入り込んできているからです。
最初に音楽以外の要素を削除してみましょう。

【修正例1】

私は音楽が好きです。小学校のときからピアノを習っていて、腕前はプロ級です。他の楽器ではバイオリンも好きで今でも続けていますが、中学校の吹奏楽部の大会で入賞したことはいい思い出です。ピアノ推薦で音大に進学しました。

これでかなり意味が通じるようになりました。さらに意味を通じるようにするには、ピアノとバイオリンを分けて整理する必要があります。次の文を読んでください。

【修正例2】

私は音楽が好きです。小学校のときからピアノを習っていて、腕前はプロ級です。ピアノ推薦で音大に進学しました。他の楽器ではバイオリンも好きで今でも続けていますが、中学校の吹奏楽部の大会で入賞したことはいい思い出です。

こちらのほうがスッキリした感じがありませんか。

文意がわからなくなってきたらパートごとに区切って整理することをおすすめします。

文章は短く切ろう!

69

勿体ない（もったいない）を伝える方法

これは読む人のニーズをくすぐる方法です。

たとえば、「野菜は皮にこそ栄養がある」という表現であれば、「いつも皮は捨てていた」「実はもったいないないのかな」という問いかけができます。

ダイコンの皮をむいて調理している人には、「皮をむかなければ食物繊維が多くなり消化が促進される」「ガンを抑制する酵素『ミロシナーゼ』や、ビタミンCも多い」というメッセージを伝えることができます。

ニンジンの皮をむいて調理している人であれば、「ニンジンの皮には体の免疫力を高めるカロテンなどのビタミン類、レンコンの皮にはポリフェノールが含まれているので抗酸化作用がある」と呼びかけることができます。

「こうしなければダメ」も同じような表現方法です。

「フィットネスジムに週に1回行くだけでは効果がない」「高価なジムに入会しているだ

けでは損をしているだけ」と表現すれば、「ムダ」を排除した提案ができます。

ムダを排除して「こんなつかい方ができたらすごいな」「知らなかったけどこのほうがメリットあるな」につながります。

「もったいない」は「勿体ない」と書きます。元来は仏教用語で「物の価値を十分に生かしきれてなく無駄になっていること」や、そのような状態にしてしまうことの戒めとして使用されています。このような情報を捕捉してもいいでしょう。

「もったいない」を上手に伝えてニーズをくすぐろう！

第8章

うまい・伝わる！実践ワーク

70

《ワーク①》文章に説得力を持たせる

文章が苦手な人にはいくつかの特徴があります。ひとつは、自信がないことが文章から伝わってしまうことです。次の文章を読んでください。

「新店舗を出店するなら、このエリアはいいかも知れません」
↓「新店舗を出店するなら、このエリアにすべきです」

言いきり型にすることで強い意思を感じられるようになりました。意見をする際に、「〜と思います」という表現をよくつかいますが、自信がないように伝わってしまう危険性があります。このワークでは、断定することで文章が力強くなることを学びます。

次の例題を断定型にして説得力のある文章に修正してください。

【例題】

ガン治療薬（ガンキラーエース）は、T大学の鈴木教授によって開発されました。いままでの治療薬とは異なりあらゆるガン細胞に効果があるようです。これで多くのガン患者が救われるかも知れません。

【回答例】

ガン治療薬（ガンキラーエース）は、T大学の鈴木教授によって開発された。いままでの治療薬とは異なりあらゆるガン細胞に効果がある。これで多くのガン患者が救われる。

読者の皆さまも考えてください

71 《ワーク②》フックを用意する

文章の出だしで、もっとも大切なものは「フック」です。人前で話をするときなども同様ですが、文章でも読み手の心をつかむためには、「つかみ」、つまり文章のはじめに置くフックが大切です。フックがあることで読者を誘い、次の文へと誘導します。

最初の100文字で読者が興味をもたれないと読んでもらえません。読者が読むことを拒否したら次からは読んでもらえなくなります。

まずはタイトルとコピーです。これまで反響のあった記事の見出しをいくつかあげてみましょう。

○シュークリームはダイエット食である
○食べていると確実に死に近づく食べ物
○上司の言葉の暴力を「バラ色」にかえて乗り切る方法
○「1分の遅刻」はいくらの損失なのか
○無地とチェック。デキる人のワイシャツはどっちどの記事も非常に多くの方に読んでいただきました。意外なキーワードの組み合わせや、普段の行動に関するドキッとする提案など、見出しだけで記事へと誘導するようにフックを掛けます。ただし、フックが大事といっても、過剰な書き方になったり、内容がともなわないタイトルにならないように注意してください。次の例題を解いてください。

読者の皆さまも考えてください

【例題】

「秋田県産の地鶏を使用したオムライス」というメニューがあります。このメニューをアレンジして注文が殺到するようなメニューに変換してください。文字数は30文字以内。

【回答例】

「秋田県産地鶏のふわふわ卵のオムライス」
「ふわとろ卵にデミグラスソースをかけた絶品オムライス」

72

《ワーク③》読者の関心を引き寄せる

人は意外なものにひかれる傾向があります。イメージとは違った場合、そのギャップの大きさによって印象が変化します。ギャップを見せる場合、使用しなければいけない要素があります。

①エビデンスとして用意できる上質な情報の活用
②公的機関（省庁、シンクタンクなど）の信頼性のあるデータの活用

これら2つの情報やデータを入れ、読者に「なるほど」と思ってもらうことで、最後まで読み進めてもらうことができます。

ただし、情報や数字の引用だけではまったく面白くありませんので、見せ方を工夫することが大切です。

私が過去に掲載した「シュークリームはダイエット食である」というコラムでは、シヨートケーキが1個約400～500キロカロリーなのに対して、シュークリームは約

200〜250キロカロリー。約半分程度のカロリーしかないことをデータで明らかにしました。読者は驚いたことでしょう。

さらに関心を持ってもらうために、「他に、カロリーが低く、分量を調整しやすいスイーツはあるのだろうか」、「逆に、『これは危険！』というスイーツはなんだろうか？」と考えて、情報を取り入れました。テンポよく例をあげたことで、読者の興味をひくことにも成功しました。

では、例題を解いてみましょう。

【例題】

『「牛丼は高カロリーで太る」。そのように感じている人は多いことでしょう。ところが、牛丼は身体にやさしいダイエット食だったのです。その理由は〜〜』

右の「その理由は〜」のあとに文章を続けて完成させてください。

【回答例】

「牛丼は高カロリーで太る」。そのように感じている人は多いことでしょう。ところが、牛丼は身体にやさしいダイエット食だったのです。実は太る一番の原因は糖質です。糖質を含む食材は血糖値を急激に上げやすく、太る原因となります。血糖値が急激に上がると肥満ホルモンであるインスリンが分泌され、脂肪を溜め込むからです。時間を惜しむようにかきこんで食べることで太る原因になってしまいます。牛丼はゆっくり食べるようにしましょう。

具体的な数値を入れても正解ですが、くどくならないように注意しましょう。

読者の皆さまも考えてください

73

《ワーク④》アピールポイントを絞り込む

一般的な文章でもそうですが、ネット記事の場合はとくに、文章量が多くなりすぎないよう大幅に絞り込む必要があります。本や紙の文章のように長文向きではないからです。スマートフォンで読む場合、移動中に読むことが多いことに加え、文字も小さくて読みづらいです。また、パソコンのモニター画面をじっと眺め続けると目も疲れます。

私の経験からいうと、1~2分でさらっと読めるような短文が好まれます。

たとえば、ツイッターでは140文字という文字数制限があります。今はいくつかのSNSを連動させている方も多いので、まずはこの140文字で魅力的に伝えることをめざしてみてはいかがでしょうか?

次のケースは、イタリアのスーパーカー、ランボルギーニ・カウンタックの宣伝文を写真とともにSNSにアップする場合です。2つの例文のどちらがわかりやすいですか。

【例1】

ランボルギーニ・カウンタックは乗車定員2名、ボディタイプ2ドアクーペ、エンジン4・0LV12DOHC、5・2LV12DOHC、駆動方式MR、最高出力4・0L：375PS／8000rpm、5・2L：455ps／7000rpm、5速MT、前後：ダブルウィッシュボーン式、全長4140㎜、全幅1890㎜、全高1070㎜、ホイールベース2450㎜。

【例2】

ランボルギーニ・カウンタックはランボルギーニが製造していたスーパーカー。イタリア語の発音では「クンタッシュ」。「マブい」「イケてる」の意味がある。

例1では、車ファンならそのよさを読解できるかもしれませんが、車に詳しくない人はなんのことを言っているのかさっぱりわかりません。

なにが売りで、どこがアピールポイントか伝わりません。

例2は誰でもこの車の特徴がわかります。

このように、文字数は少なめに絞り込むことで、アピールポイントを絞ることが大事です。

では、皆さまもランボルギーニ・カウンタックの紹介文を作成してみましょう。

読者の皆さまも考えてください

おわりに　～文章は一生のスキルになる～

本書は、わかりやすい文章を書くための基本テクニックを、事例を踏まえながら紹介してきた。私は国語学者でもないし、文学を専門的に習ったこともない。しかし、毎日ニュースサイトにコラムを掲載し、読者から一定の反響を得ている。

決して文章が得意でなかった私は、一定レベルに到達するまでにそれなりの時間を費やしている。それでも文章を書き続けるのは、書くことの楽しさや喜びを知ったからに他ならない。私が本書で伝えたいのは、書くことは難しくないこと、そして面倒でもないということ。書くことで伝わる喜びを知ってもらうためである。

文章を書くことは大事なスキルでありながら、日本の教育では、現代国語のように読解力にウェイトが置かれている。「文章力」を一度手にすれば、それは一生つかえるスキルであり財産になる。書くことにより、視野が広がり、思考も深くなることは間違いない。書くことに苦手意識を持つことなく、好きになってくれる人が1人でも増えることが、私の目標でもある。あなたの、大切な人に、伝わる文章を書いてほしい。

くり返し文章を書き、高い意欲で、練習をくり返せば、必ず文章は上達する。わかりやすい文章を書ければ、必ず素晴らしい未来が拓けてくる。くり返しになるが、文章は誰でもうまく書けるようになる。本書があなたの手助けになる参考書として、書く楽しみを味わえる一助となれば幸いである。皆さまのご活躍をお祈りしている。

尾藤　克之

２０１８年10月

参考文献

『しっかり！まとまった！文章を書く』前田安正（すばる舎）
『マジ文章書けないんだけど ～朝日新聞ベテラン校閲記者が教える一生モノの文章術～』前田安正（大和書房）
『人を操る禁断の文章術』メンタリスト DaiGo（かんき出版）
『伝わる・揺さぶる！文章を書く』山田ズーニー（PHP 新書）
『文章読本』丸谷才一（中公文庫）
『文章力の基本』阿部紘久（日本実業出版社）
『書いて生きていくプロ文章論』上阪 徹（ミシマ社）
『短いフレーズで気持ちが伝わる モノの書き方サクッとノート』平野友朗（永岡書店）
『大人の語彙力 使い分け辞典』吉田裕子（永岡書店）
『あなたの文章が劇的に変わる 5 つの方法』尾藤克之（三笠書房）

■著者略歴
尾藤克之（びとう・かつゆき）
コラムニスト、明治大学サービス創新研究所客員研究員。

国会議員秘書、EQJAPAN、ピーエイ、MIA などでディレクターとして活躍後、IT 系上場企業、大手研修会社の役員・パートナー、内資 IT 企業役員を歴任。人材育成、アセスメント開発を専門としている。主な監修実績として、日本初のモバイル課金型アプリ（EQ 診断）、日本初の結婚情報相談アセスメント（結婚 EQ 診断）、世界最大のリスクマネジメント団体であるリスクマネジメント協会の正会員認定資格（HCRM）などがある。

また、障害者支援団体のアスカ王国青少年自立支援機構（会長は橋本龍太郎元首相夫人の橋本久美子）の役員として、団体の運営も行っている。NHK や民放各社のテレビ出演や、経済誌などからの取材、掲載多数。「言論プラットフォーム アゴラ」「オトナンサー」をはじめ、人気コラムニストとして多くの媒体で連載や執筆を行っている。

著書はビジネス書を中心に 11 冊。2018 年 1 月に出版された『あなたの文章が劇的に変わる 5 つの方法』（三笠書房）は、即重版となり話題に。

＜著者への連絡先＞
Facebook　http://fb.com/bito1212
Twitter　@k_bito

本書の内容に関するお問い合わせ
明日香出版社　編集部
☎（03）5395-7651

即効《そっこう》！成果《せいか》が上《あ》がる　文章《ぶんしょう》の技術《ぎじゅつ》

2018 年　10 月　23 日　初 版 発 行

著　者　尾《び》藤《とう》克《かつ》之《ゆき》
発行者　石　野　栄　一

明日香出版社

〒112-0005 東京都文京区水道 2-11-5
電話（03）5395-7650（代 表）
（03）5395-7654（FAX）
郵便振替 00150-6-183481
http://www.asuka-g.co.jp

■スタッフ■　編集　小林勝／久松圭祐／古川創一／藤田知子／田中裕也
営業　渡辺久夫／浜田充弘／奥本達哉／野口優／横尾一樹／関山美保子／藤本さやか　財務　早川朋子

印刷　美研プリンティング株式会社
製本　根本製本株式会社
ISBN 978-4-7569-1998-4 C0036

編集担当　田中裕也

ISBN978-4-7569-1945-8

「すぐやる人」のノート術

塚本 亮　著

B6 並製　192 ページ　本体 1400 円＋税

行動力を上げるノート術！


「何をしたらいいのか、わからない」「どれからはじめればいいのか、わからない」こんな悩みがあなたの行動力を妨げています。

それはアタマの整理ができていないから。

本書では、著者が高校時代から 15 年以上つけている 5 つのノート術をベースに、アタマの中を整理し、自分を動かすための実践的な方法を紹介しています！

ISBN978-4-7569-1995-3

G-PDCA 勉強術
必ず目標達成できる方法

石川 和男　著

B6 並製　248 ページ　本体 1500 円＋税

正しい勉強法が現状を変える！

資格試験、昇進試験、独立のためのスキルアップ、仕事力向上など、目標を叶えるための勉強法を解説。

働きながら勉強するための時間をつくり、そのうえで PDCA を回すことで目標の達成を目指します。著者の講師としての経験と、試験を受ける側の経験を盛り込み、わかりやすくひも解きます。